Le journal
d'Arthur et Chloé

Philippe BRENOT

Le journal d'Arthur et Chloé

Odile Jacob

15, RUE SOUFFLOT, 75005 PARIS

www.odilejacob.fr

ISBN : 978-2-7183-1497-7

Mercredi 22 octobre

Je commence mon journal aujourd'hui parce que je suis en colère : maman ne veut plus que je voie Arthur. C'est la première fois qu'elle m'interdit quelque chose sans m'expliquer. Dans la famille, on parle de tout d'habitude. Papa nous a dit que s'il y avait un problème, on pouvait toujours en parler. Et en général, il n'y a pas de problème. Sauf pour les choses dont on ne parle pas...

Arthur, c'est mon « copain », mais personne ne le sait, sauf Charlotte, ma meilleure amie. C'est normal puisqu'on se dit tout. Mais Arthur, je ne veux pas qu'on en parle en famille : c'est notre secret. Alors quand maman m'a dit qu'elle ne voulait plus que je voie Arthur, je me suis demandé comment elle le savait et pourquoi elle me disait ça.

Je pense que c'est la mère de Julie qui lui a dit. Maman ne peut pas le savoir, vu qu'elle ne vient jamais à la sortie. Mais la mère de Julie, par contre, elle est toujours là. Je me souviens, lundi dernier, la façon dont elle m'a regardée ! Elle m'a dit : « Chloé, ta maman ne vient jamais à la sortie de l'école ? Parce que j'aimerais bien la voir. »

Bon, c'est vrai qu'elle a dû souvent me voir parler avec Arthur et peut-être qu'une fois, on se tenait par la main. Mais tout de même, je ne vois pas pourquoi maman m'a dit ça. Quand Juliette, ma grande sœur, a eu un copain, maman ne lui a rien interdit. Et puis je trouve ça injuste parce qu'elle n'a pas voulu me dire pourquoi. Je m'en fiche, je le verrai quand même, je ne vois pas comment elle pourrait m'en empêcher.

J'ai déjà eu un petit copain l'an dernier, mais personne ne l'a su, sauf Charlotte, et Juliette bien sûr. Pour Arthur, c'est différent. Cette fois, je crois que je suis amoureuse.

Amoureuse depuis le premier jour de classe, il y a un mois. L'entrée en quatrième déjà, c'était super, mais en plus, il y avait Arthur. Il était nouveau. On se connaît presque tous dans la classe, Charlotte, Julie, Emma, Julien, Adrien... Normal, on est ensemble depuis le primaire. Arthur a changé de collège cette année. Dès la première seconde, il m'a plu. Il m'a regardée, je l'ai regardé et on s'est souri. Il a continué à me regarder et je sentais que je me mettais à rougir. J'ai vérifié que personne ne nous voyait et on a continué à se regarder. C'était le début de notre secret.

Jeudi 23 octobre

J'ai compris pourquoi maman ne voulait plus que je voie Arthur : c'est à cause de son père. Elle dit qu'il est « psy » et qu'il écrit des livres sur le sexe. Elle n'a pas voulu m'en dire plus.

Ça me sidère : qu'est-ce que ça peut faire que son père soit ceci ou cela ? Juliette dit que puisque les psys sont les médecins qui s'occupent des fous, ça fait sûrement très peur à maman ! Quand je pense que la mère d'Arthur aussi est psy... il vaut mieux que maman ne le sache pas !

Mais je ne vois toujours pas le rapport entre les fous et le sexe. Juliette m'a dit que c'était les psys qui s'occupaient de la sexualité parce que c'est de la « psychologie ». Peut-être aussi que maman est un peu « coincée », peut-être aussi qu'elle a peur qu'Arthur sache tout un tas de trucs que son père lui a racontés. Elle doit s'imaginer qu'il va m'apprendre des choses qui « ne sont pas de mon âge », comme elle dit.

C'est idiot, Arthur, je le connais bien et il n'en sait pas plus que moi sur la sexualité. Le problème avec le sexe, c'est qu'on en parle tout le temps mais qu'on ne nous explique jamais rien. Même Arthur. Pourquoi son père, s'il sait tant de choses, ne lui explique-t-il pas ?

Les adultes, c'est difficile à comprendre. Parfois, on a l'impression qu'on ne parle pas la même langue. Ils ne s'en rendent pas compte et, quand quelque chose ne va pas, ils disent que c'est de notre faute, que c'est à nous de les comprendre. Alors que c'est eux qui ne nous comprennent pas. J'ai essayé d'en parler à maman, mais elle dit que c'est moi qui m'imagine !

Je voudrais qu'on se voie plus souvent avec Arthur, mais on ne peut pas en dehors de la classe. Surtout maintenant avec l'affaire de son père.

Pourquoi les parents nous empêchent-ils de vivre ? Ils ont pourtant fait comme nous quand ils avaient notre âge, ils ont certainement ressenti les mêmes choses.

Mardi 18 novembre

J'ai bien vu que les adultes et nous, on ne parlait pas de la même façon de la sexualité et de tout le reste. À la maison, chaque fois que j'aborde le sujet, mes parents ne sont pas comme d'habitude.

Je l'ai dit à maman et elle m'a répondu : « Mais non, ma Chloé, qu'est-ce que tu t'imagines ! » Mais j'en ai parlé à Charlotte et elle m'a dit aussi que ses parents ne répondaient pas non plus de la même façon que pour les autres questions.

Si je demande : « Qu'est-ce qu'une bombe atomique ou un réacteur nucléaire ? », là papa sera intarissable : il me donnera toutes les explications techniques. Mais quand je lui ai demandé : « Comment on fait l'amour ? », il a regardé maman et puis ils m'ont tous les deux regardée et ils se sont encore regardés. Maman m'a répondu que quand un homme et une femme s'aimaient, ça se faisait tout seul et que je comprendrai quand je serai plus grande. Charlotte a posé la même question à ses parents, sa mère a rougi et elle a dit qu'elle était trop jeune pour penser à ces choses-là.

Bon, je sais, on exagère, avec Charlotte : c'était un peu pour les embêter, parce qu'on sait très bien ce que ça veut dire « faire l'amour », mais on aimerait bien en savoir plus. Et puis on voudrait qu'ils nous répondent lorsqu'on demande. C'est tout de même étrange, l'amour, tout le monde en parle et on a l'impression que c'est interdit ! Même dans mon feuilleton des trois sorcières, sur M6, quand ils parlent de ça, ils disent : « la chose », en faisant le geste des guillemets avec les doigts. J'aimerais bien connaître les choses de l'amour et du sexe, pour quand je serai assez grande.

Avec Arthur, on a envie de tout se dire : je lui ai même dit que j'allais lui montrer mon journal. Pour qu'il sache ce que je pense... de lui, de la vie, de tout...

Jeudi 20 novembre

Cette fois, c'est à mon tour de me mettre au travail. C'est bien la première fois que je commence un journal... Mais puisque je l'ai promis à Chloé.

Hier, elle m'a fait lire son journal. Ça m'a fait tout drôle : j'avais l'impression de pénétrer dans ses pensées. On était dans la cabane au fond de son jardin. Elle est sortie quand j'ai commencé à lire parce que ça la gênait un peu tout de même. Me faire confiance à ce point, chapeau !

Quand elle est revenue dans la cabane, elle avait plein de points d'interrogation dans les yeux : « Alors ? » Je lui ai dit que c'était une sacrée preuve de confiance et d'amour de me montrer ce qu'elle pensait au fond d'elle-même. Mais ce qu'elle voulait surtout savoir c'était ce que j'en pensais, de son journal. Elle m'a demandé : « Tu ne trouves pas ça trop nul ? » Je lui ai dit que pas du tout, que ça m'intéressait de savoir comment elle voyait les choses, les mêmes choses que celles que je vis moi aussi, mais avec son point de vue à elle. Et j'ai ajouté que moi aussi, j'allais écrire un journal et le lui faire lire : comme ça, elle saurait quel film je me fais dans la tête, de mon côté !...

Vendredi 21 novembre

J'ai fait lire mes premières lignes à Chloé et elle a beaucoup ri. « Les points d'interrogation dans les yeux », ça lui a plu. « Tu seras peut-être écrivain plus tard », m'a-t-elle dit.

Ce qu'on a décidé, c'est qu'au lieu d'écrire chacun dans notre coin, on allait écrire un même journal, à deux voix. Comme ça, on pourra écrire tout ce qu'on n'a pas pu se dire à l'école – parce qu'à la récré, question intimité, c'est pas vraiment top ! Et puis, si jamais on ne peut pas se voir, vu que sa mère ne m'a pas à la bonne, on peut venir à tour de rôle dans la cabane et se laisser des messages.

Dimanche 22 novembre

Je peux pas le croire : on s'est embrassés. C'était après l'école chez elle, dans la cabane au fond du jardin. Notre premier baiser !!! « Roulements de tambour. » Non je blague, mais en fait, c'était vraiment génial.

Ça fait drôle la première fois. Ça fait un peu peur aussi. C'est chaud, humide. Et puis surtout, il y a le goût. On n'a pas l'habitude de se toucher les lèvres. Au début, la salive je trouvais que ça n'avait pas bon goût, mais après je m'y suis fait. Le plus étonnant, c'était sa langue qui bougeait : c'était assez étrange et j'avais envie de faire la même chose. J'avais un sentiment bizarre, comme si je faisais quelque chose de mal alors que je sais bien que ça ne l'est pas.

Je me souviens d'un film à la télé, un vieux film en noir et blanc qui se passait à Casablanca. Papa disait que c'était un de ses films préférés. Les acteurs s'embrassaient pendant très longtemps, et pourtant mes parents ne m'ont pas empêché de le regarder. Ce n'est pas comme dimanche dernier où maman a changé de chaîne alors qu'ils ne s'embrassaient même pas. En fait, c'est parce qu'ils étaient nus. Pourtant, je les ai déjà vus mes parents tout nus, dans la salle de bains. Ce qui est énervant chez les adultes c'est qu'ils n'expliquent jamais pourquoi les choses sont interdites !

Quand on s'est embrassés, Chloé me serrait dans ses bras, et j'ai fait comme elle. Chloé a déjà été amoureuse, elle a embrassé deux fois, m'a-t-elle dit. L'an dernier en cinquième, elle était amoureuse d'un garçon mais elle l'a quitté. Avec Chloé, on s'aime depuis le premier *jour, quand la prof nous a mis à côté. Je me souviens comme on s'est regardés ce jour-là. On se regardait et on ne pouvait pas s'empêcher de sourire.*

J'ai collé les deux premières feuilles de mon journal sur le cahier de Chloé et maintenant, j'écris à la suite. C'est une façon de se parler et de réfléchir ensemble. C'est vrai que c'est super un journal : c'est comme une réflexion ou des lettres qu'on s'envoie. On le cache sous le plancher, dans la cabane et on l'écrit quand on veut.

Jeudi 11 décembre

Hier, ma sœur est revenue à la maison. Ça va pas fort avec les parents. Je crois qu'ils ne la comprennent pas. Heureusement, toutes les deux, on s'aime beaucoup et c'est à moi qu'elle se confie. Et puis ça me permet de lui demander ce que je ne comprends pas.

Juliette a 22 ans, elle est à la fac. Jusqu'à hier, elle avait un copain, Antoine, mais ils se sont disputés. Je crois qu'il l'a laissée tomber : c'est pour ça qu'elle est si malheureuse.

Je l'aimais bien Antoine, il était gentil et puis Juliette était amoureuse, alors je le trouvais super.

Elle doit avoir un gros chagrin parce qu'elle reste dans sa chambre et qu'elle n'arrête pas de pleurer. Maman a voulu y aller, mais elle s'est fait jeter et Juliette s'est enfermée à clé. Elle dit que c'était de leur faute, qu'ils ne lui font pas confiance. Et papa n'ose rien dire parce que Juliette crie trop fort.

Moi, je n'ai pas envie qu'ils se mêlent de nos affaires, avec Arthur. Personne ne sera au courant. Si ! Juliette, mais c'est différent. Elle, elle comprendra. J'aime beaucoup mes parents, mais avec eux, on a toujours l'impression de faire ce qu'il ne faut pas. Comme si ça n'avait jamais été pareil pour eux. C'est maman qui m'a dit : « À votre âge on n'avait pas le droit de faire la moitié de ce que vous faites. »

Je me demande si elle a été amoureuse comme moi avant papa. Je sais qu'ils se sont rencontrés quand elle avait 20 ans, mais avant, est-ce qu'elle avait déjà été amoureuse ? Sûrement !

C'est peut-être pour ça qu'elle écoutait quand je téléphonais à Charlotte. Avant on se parlait pendant des heures. Un jour, son père le lui a interdit : il a dit qu'elle allait payer la facture avec son argent de poche ! Depuis on s'écrit par e-mail, c'est moins commode... Ou alors on se téléphone le soir, quand les parents sont couchés.

J'ai vu que tu avais fait un dessin sur le cahier : j'aime bien.

Vendredi 12 décembre

Je ne comprends pas pourquoi les filles ont tout le temps besoin de se parler. Ma sœur Pauline, c'est pareil, elle n'arrête pas de téléphoner. Elle appelle toutes ses copines, Amandine, Delphine, Katia... mais surtout Amandine. Elle n'a qu'à venir ici Amandine, ce serait plus simple et puis papa ne râlerait pas tout le temps ! Pauline dit que ce n'est pas pareil. Je ne vois pas pourquoi : au téléphone ou ici, c'est toujours parler.

Moi, avec mes copains, on préfère faire des trucs ensemble, on joue au foot, on s'amuse avec la console ou à l'ordi. J'aime beaucoup le foot, surtout depuis qu'on est en division avec l'équipe du collège. Chloé est venue mercredi quand on a joué contre les grands du lycée, des troisièmes. On a fait match nul, c'était super ! Et Chloé a eu l'air d'aimer.

J'essaie de m'intéresser à elle, de parler avec elle, parce que je vois bien que c'est ça qui lui plaît. Mais ce n'est pas facile : les jeux vidéo, par exemple, c'est pas son truc. Alors j'essaie d'écouter ce qu'elle me dit, parce que je crois qu'elle ne le dit qu'à moi.

Avec Chloé, on a juré de tout se dire. C'est difficile, parce que je pense souvent à une chose que je n'ose pas dire. Chloé me charrie : mais si, dis-le, c'est facile et ça fait du bien. C'est vrai, je m'en suis déjà rendu compte. Le journal, ça m'aide finalement parce que je fais comme si je parlais avec moi-même : du coup, je me sens libre, naturel. Et en même temps, je sais que Chloé va le lire.

C'est bizarre que les filles et les garçons ne pensent pas de la même façon. Peut-être parce qu'on ne joue jamais ensemble et qu'on ne s'intéresse pas aux mêmes activités. Mais c'est dur quand on est amoureux, parce qu'on aimerait tout faire ensemble, et moi, je ne me vois pas faire leurs trucs de filles ! Être amoureux, c'est compliqué parce que ça oblige à être toujours avec la fille qu'on aime, mais comme on ne pense pas les mêmes choses, il faut essayer de se comprendre. Heureusement, j'aime ce qu'elle me dit Chloé : je ressens des émotions et je suis bien avec elle. J'ai envie d'apprendre à lui en donner, des émotions.

Le dessin c'était pour se rappeler le temps qu'il fait, et ce jour-là, il faisait beau !

Mercredi 17 décembre

Les filles et les garçons, ce sont deux planètes différentes : les garçons ne comprennent pas grand-chose ! On a l'impression qu'ils ne pensent pas, parce que s'ils pensaient, un peu comme nous, ils comprendraient et ils ne poseraient pas toujours des questions idiotes. Charlotte dit que ce sont des questions bêtes, mais les « bêtes » ça ne pose pas de question ! Et à chaque fois, ça nous fait rire.

Toi c'est différent : j'ai l'impression que tu me comprends et que tu m'écoutes. Et je vois bien que ça t'intéresse. Même parfois, des trucs de filles comme les fringues ou les bijoux, ça ne te déplaît pas. Mon nouveau jean, on a été l'acheter ensemble. Maman m'avait donné l'argent pour y aller avec Charlotte.

En fait, c'était beaucoup plus amusant d'y aller avec toi. J'ai adoré ! On a même été au MacDo après. C'est pas ma passion, mais j'étais contente d'y aller pour toi parce que je sais que tu aimes bien. Juliette m'a dit qu'avec les garçons, il faut faire aussi des trucs qui leur plaisent, sinon c'est pas très sympa. Par exemple, pourquoi les garçons aiment les films de guerre et d'aventure ? Nous, on préfère les histoires de sentiments. C'est encore Juliette qui m'a conseillé d'aller voir *Le Seigneur des Anneaux*, avec toi. C'est vrai qu'a priori, j'aurais préféré un autre film, mais finalement, ça m'a beaucoup plu. Tu te souviens quand on y est allé, avec Charlotte et Julien, son copain.

Charlotte sort avec Julien depuis trois mois, comme nous, mais je sais qu'elle n'est pas amoureuse. Elle pense toujours à Cédric. Je crois qu'un grand amour, ça ne peut pas s'oublier. Cédric est maintenant avec une autre fille. Ça a été très dur pour Charlotte, j'ai même pleuré avec elle.

Il faut dire que depuis quelque temps, je suis superénervée, je pleure comme un bébé, pour un rien. J'avais peur que tu te moques de moi, mais ça m'a rassurée quand tu m'as dit que ça ne te faisait rien. Même si toi, tu ne pleures jamais. « Laisse-toi aller », tu m'as dit. Tu m'as pris dans tes bras et j'ai pleuré, pleuré : c'était bon. Beaucoup mieux que quand je pleure toute seule sur mon lit !

Jeudi 18 décembre

C'est vrai, pourquoi les garçons ne pleurent pas ? Enfin, pas comme les filles. On dit que si on est un homme, on ne pleure pas ! Je n'ai pas l'impression de m'en empêcher et pourtant, je ne pleure plus. Avant, quand j'étais petit, je pleurais si je tombais, si quelque chose m'embêtait, si maman n'était pas là.

Maintenant, je ne pleure plus. C'est venu tout seul. Alors, pourquoi les filles continuent-elles à pleurer tout le temps ?

Chloé a beaucoup pleuré avec Charlotte en pensant à Cédric. Je ne comprends pas pourquoi : il n'y a plus à pleurer puisque c'est fini. Mais je l'ai consolée et j'ai bien vu que ce n'était pas comme quand on est malheureux, elle sanglotait et puis elle se laissait aller. Je la tenais dans mes bras, elle levait la tête et elle me souriait. C'était comme si ça lui faisait du bien de pleurer.

Pas facile de comprendre les filles ! Quand on joue au foot, on les voit qui se parlent entre elles, comme si elles ne suivaient pas le match. Chloé me l'a dit, mercredi dernier, avec Charlotte elles parlaient de nous, de ceux qu'elles aimaient le mieux dans l'équipe. Il y avait Cédric, et moi bien sûr ! Je lui ai demandé comment elle avait trouvé le but que j'ai marqué. Elle m'a dit que c'était ma façon de courir qui lui plaisait, mon allure et je ne sais plus quoi. Je ne sais même pas si elle a vu le but ! J'ai essayé de comprendre et elle m'a dit qu'avec Charlotte c'est nous deux, Cédric et moi, qui étions les plus beaux. Décidément, elles ne s'intéressent vraiment pas aux mêmes choses que nous. Mais ça me va bien d'être le plus beau, surtout parce que je suis amoureux et Chloé aussi.

On ne va pas se voir pendant les quinze jours des vacances, Chloé part au ski avec ses parents et nous, on est dans la famille pour Noël. Je ne pourrai même pas lui écrire ou lui téléphoner parce qu'ils vont en Suisse et elle ne sait pas où exactement. C'est toujours comme ça, les parents, ils décident pour tous.

Mais pour nous, ils ne savent pas. Et on ne veut dire à personne qu'on est amoureux. Il y en a qui disent qu'on se rend compte qu'on est amoureux quand la fille nous manque dès qu'on n'est pas avec elle. Je ne sais pas si c'est vrai parce que le soir, quand je suis chez moi, Chloé ne me manque pas, et pourtant je suis amoureux. Là, ça sera pareil, mais en plus long, à cause des vacances.

Dimanche 4 janvier

Ça fait presque un mois que je n'ai pas écrit dans le journal. Les journées sont longues quand on ne se voit pas. J'ai même pleuré une après-midi parce que j'étais restée seule au chalet, sans mes parents, sans Juliette, et que je pensais à toi. C'était comme si j'étais seule au monde : j'avais mal à la poitrine, ça me serrait et je me suis mise à pleurer. Quand elle est revenue, maman était inquiète, elle m'a demandé ce que j'avais. J'ai répondu que je ne savais pas. Je ne pouvais pas lui dire pour nous. Et puis je ne comprenais pas moi-même pourquoi je pleurais comme ça.

Heureusement, j'ai passé un coup de fil à Charlotte, ça m'a fait du bien. Et puis on s'est dit qu'il y avait beaucoup de choses dont on n'osait pas parler et qu'on ne comprenait pas. Alors, depuis, on essaie de comprendre entre nous puisqu'on ne peut pas en parler. C'est compliqué : ce sont toujours des choses cachées que l'on ne comprend pas.

J'ai lu un roman d'Agatha Christie (il y en avait plein dans le chalet), ça se passait dans un château avec des passages secrets, un meurtre et une énigme incroyable. Le détective, Hercule Poirot, arrivait à comprendre ce que personne ne comprenait. Maman dit que ce sont toujours des femmes qui écrivent les romans policiers parce qu'elles sont plus fortes pour comprendre les énigmes. C'est vrai que nous, les filles, on aime les mystères, comme si ça nous faisait plaisir de découvrir ce qui est caché.

Ça me fait du bien d'écrire dans notre cahier. Au départ c'était mon journal à moi. Maintenant c'est notre livre secret, à nous. De l'emporter avec moi, en vacances, ça me donne l'impression d'avoir un petit bout de toi. Et je suis contente de voir que petit à petit, tu te mets à vraiment écrire ce que tu penses aussi. Finalement, ce n'est plus tellement un journal, c'est un roman, notre roman, le roman d'Arthur et Chloé. Parce que c'est toute notre histoire qu'il y a dedans avec nos pensées et nos sentiments. Quand je le lis, je retrouve ce que j'ai ressenti, mais surtout je te comprends mieux. Je découvre ce que tu penses. Et j'aime bien ça. Je ne crois pas qu'on puisse s'aimer si on est trop semblables.

Avant toi, j'ai connu deux garçons, mais il n'y en a qu'un dont j'étais amoureuse, c'est Alexandre l'an dernier en cinquième. Mais je n'étais pas aussi amoureuse que de toi. Et puis, tous nos secrets, ce livre, c'est comme un plus entre nous.

Ma Chloé,

C'est long les vacances
sans toi.
Je suis dans ma famille
avec les cousins,
mais ils sont petits
et je suis tout seul.
Ça me manque de...
ne pas te voir,
ça me rend...
plus amoureux encore.
Reviens vite,
Arthur qui t'aime fort

à Chloé

Suisse

Mercredi 7 janvier

J'ai bien cru que tu ne viendrais pas ce matin. J'étais avec Max à l'arrêt du bus et j'ai dû en rater deux pour te voir. En plus, tu étais avec Charlotte et je n'ai pas pu te parler. À la récré non plus ! J'étais furieux. On ne s'était pas vus depuis avant les vacances et je ne pouvais même pas te parler. C'était comme si on ne se connaissait pas. Après, il y a eu ta mère ! Elle qui ne vient jamais, elle est venue te chercher, et comme il ne faut pas qu'elle nous voie, tu es partie tout de suite. Je n'avais plus que la cabane où aller et j'enrageais, je t'en voulais.

Je t'ai attendue au moins une demi-heure dans la cabane. Tu aurais pu t'arranger pour me rejoindre...

J'ai vu que tu avais écrit dans le cahier pendant les vacances. Moi aussi, j'avais envie de parler avec toi. Je t'ai écrit une carte, mais je n'avais même pas ton adresse en Suisse. Alors je l'ai collée, comme ça tu pourras la lire. À la maison, tout le monde écrit des vœux pour le nouvel an. On a même dû signer toutes les cartes. Et dire que je n'ai pas pu t'envoyer la mienne. De toute façon même si j'avais eu l'adresse, avec ta mère, ça aurait encore fait des histoires ! Je lui en veux à elle aussi ! Aujourd'hui c'est à la terre entière que j'en veux !

Je veux qu'on s'aime toujours. Pas seulement cette année, mais toujours. C'est pour ça que je te l'ai écrit sur la carte. Je t'écris parce que je sais que tu lis le cahier avant d'écrire. Et puis j'ai lu ce que tu avais mis sur Alexandre, que tu m'aimes plus que lui. Ça m'a fait du bien parce que tu n'étais pas là. Ce cahier, il ne faudra jamais le montrer à personne. C'est notre cahier d'amour. Il est rempli de secrets qui n'appartiennent qu'à nous.

J'ai trouvé ça très long de ne pas te voir. Surtout que je restais là comme un imbécile : j'ai eu des tonnes de repas de fêtes, l'horreur quand on n'en a pas envie. C'est vrai que quand quelqu'un vous manque, ça veut dire qu'on l'aime. Je le savais avant, mais je ne voulais pas croire que je serais malheureux à ce point. Et je ne pouvais pas le dire. Il n'y a qu'à Nicolas que j'ai avoué que j'étais amoureux, mais j'ai fait comme si ça ne me faisait rien. Je laisse le cahier pour que tu le lises.

Demain, c'est mon père qui m'amène, alors attends-moi au self, mais pas avec Charlotte.

J'ai envie de te parler. Ça me manque beaucoup qu'on ne discute plus.

Pendant les vacances, j'ai essayé de lire Lady, *le livre que tu m'as donné, c'est un peu gros pour moi, mais j'aime bien, même quand ça parle de sentiments. Il faut que je m'habitue... Pas simple. J'ai terminé aussi mon bouquin sur la préhistoire. C'est pas la même musique ! Pas besoin de réfléchir et ça ne parle pas d'amour.*

J'aime bien ce que tu me dis.

Mercredi 7 janvier à 20 h

Mon Arthur,

j'étais sacrément surprise quand j'ai lu ce que tu avais écrit dans le cahier : tu avais l'air d'être dans une colère noire ! Tu dis que dans le bus et à l'école, je faisais comme si tu n'existais pas, mais je ne savais pas que tu avais raté deux bus pour me voir. Et quand je t'ai vu monter, je te signale que c'est toi qui détournais les yeux et que c'est moi qui avais l'impression que tu me faisais la tête. Tu es allé t'asseoir au fond, sans dire un mot.

Toute la journée à l'école, ça m'a rendue malade. J'attendais que tu me fasses un signe... Rien... À la récré, vous avez joué au foot : c'était commode pour te parler !

Après l'école, je ne savais même pas que tu étais dans la cabane et que tu m'attendais. j'ai fait mes devoirs et je suis restée scotchée devant la télé à regarder des trucs débiles. Heureusement, quand je suis allée chercher le cahier pour écrire toute la peine que j'avais dans mon cœur, j'ai vu ton mot et ça m'a rassurée... J'avais tellement peur que tu ne m'aimes plus.

Ne t'en fais pas, pas de problème pour demain au self, enfin pour tout à l'heure puisque tu vas lire ma lettre le matin.

Ta Chloé

PS : je te signale que pour la première fois, dans le cahier, tu as dit « tu ».

Il y a du progrès dans l'air !

Jeudi 8 janvier

Comment ça s'appelle déjà quand une personne interprète une situation d'une certaine façon et que l'autre l'interprète d'une façon contraire ?... Un quiproquo je crois...

Merci cher journal !

Mercredi 28 janvier

La plupart des garçons sont débiles : ça, c'est pas une découverte ! Mais aujourd'hui, Valentin, c'était le top du top ! Valentin, c'est le fils d'une amie de ma mère qui est en troisième. Il m'a dit en rougissant : « T'as drôlement changé ! » et il est parti en courant. Il est stupide et, en plus, c'est une mocheté. Pourquoi certains garçons font toujours les bébés ? Comme s'ils ne savaient pas parler. Il y en a même qui font comme s'ils ne nous voyaient pas. Mais peut-être qu'ils ne nous voient pas, même avec leurs lunettes !

Avec Charlotte, on en rigole, mais finalement, c'est pas si drôle. Ça serait mieux s'ils nous comprenaient les garçons. Toi, Arthur, c'est pas pareil. Tu es plus malin, plus mûr : tu nous regardes et tu t'intéresses. Et puis je sais que tu écoutes quand je te parle.

La première fois que tu m'as parlé, tu sais, le jour où on s'est regardés et où on n'arrêtait pas de rire, ce jour-là t'étais trop ! C'est surtout ta voix qui me donnait des émotions, elle était sérieuse et drôle à la fois, elle n'était pas comme celle des autres. On aurait dit que tu chantais, c'était comme du rap un peu lent, mais c'était toi et tu parlais. Et c'était une voix rien que pour moi. Elle était douce et avec tes yeux tu riais. Depuis, j'aime beaucoup quand tu me parles avec cette voix douce. Je ne sais pas ce que ça me fait, mais c'est bien et j'ai encore envie de l'entendre.

Maman m'a dit que quand elle était jeune, elle était tombée amoureuse de Francis Cabrel rien qu'en écoutant son disque « Je l'aime à mourir ». C'est curieux d'« aimer à mourir », je crois plutôt que quand on aime on a envie de vivre ! Et puis, elle ne l'avait jamais vu et elle était amoureuse. Après, elle essayait toujours d'aller à ses concerts. Moi, c'est différent, je te connais et je sais que je suis amoureuse. Heureusement que tu es dans ma classe parce que autrement, je crois que je m'embêterais.

Charlotte s'était fait un tatouage l'an dernier, un petit cœur sur l'épaule et ils étaient toute la bande autour d'elle à crier : « Hou, la fille tatouée ! » Heureusement, elle s'en fichait, parce qu'elle l'avait fait pour Alexandre. Le blème c'est qu'il l'a pas vu, le tatouage ! Tous ces idiots n'arrêtaient pas de crier, et Alexandre ne voyait rien ! C'est toujours comme ça, les garçons : ou ils ne voient rien ou ils te regardent sans rien dire. Il y en a deux en troisième qui nous dévisagent chaque fois qu'on passe dans la cour, avec Charlotte. Alors on leur a crié : « Vous voulez notre photo ? » et on est parties en rigolant. On les a bien eus. Depuis, ils nous fichent la paix.

Jeudi 29 janvier

Moi aussi, les filles, je les trouvais bêtes avant de te connaître. Plus maintenant. C'est bizarre comme on change. Avec Max, l'an dernier, les filles nous semblaient vraiment sans intérêt, et maintenant il y en a qui nous plaisent. Pourtant c'est les mêmes ! Je me demande si elles ont changé ou si c'est nous.

Hier, on a parlé avec Emma, celle qui a des tennis roses trop drôles. Pourtant, on se moquait d'elle en cinquième. Emma nous a raconté des histoires qui nous faisaient trop rire et avec Max, on ne croyait pas qu'on pouvait rire avec une fille. C'était super ! Finalement, j'aime bien les filles maintenant.

Toi, c'est différent, je t'aime. Et puis je te trouve belle. Ta copine Charlotte, je l'aime bien aussi : elle est toujours gaie et on a l'impression qu'elle n'a jamais d'ennuis. Hier, un gars lui avait tiré les cheveux, eh bien elle riait. Rien ne l'embête. Je suis content qu'elle soit ton amie parce qu'avec elle, ta mère te permet de venir au foot, c'est important pour l'équipe.

Et puis il y a d'autres filles aussi qui viennent au match, je crois qu'elles ne sont là que pour voir les garçons. Il y en a qui font comme si elles ne les regardaient pas. Adrien a même cru qu'elles suivaient le match de volley à côté ! Il craint celui-là : il n'a pas vu que Laura le dévisageait sans arrêt depuis le début de l'année. Mercredi dernier, elles étaient venues toutes les trois, Camille, Julie et Laura et elles rigolaient en faisant semblant de ne pas nous voir. Adrien croyait qu'elles ne nous regardaient pas, sauf que je crois qu'elles étaient venues pour lui. Elle est timide Laura, elle ne serait pas venue toute seule. Alors, avec Julie, elles se racontaient des histoires en riant et elles le regardaient. Et lui, bien sûr, il ne voyait rien ! Il est bête, Adrien.

Les filles, on a l'impression qu'elles ne nous regardent pas et puis, si on se retourne, en fait elles nous regardent. Pourquoi ? Je crois que c'est parce qu'elles ne veulent pas qu'on sache qu'elles s'intéressent à nous. Je me souviens d'une fille qui était amoureuse : moi ça ne m'intéressait pas. Elle regardait tout le temps vers moi, et si je la regardais, elle tournait la *tête en rougissant. C'est bête l'amour, quand ça ne marche pas pour les deux.*

Nous deux, c'est facile, mais il y en a beaucoup pour qui ça ne marche pas dans les deux sens. Il y a même une fille dans la classe qui a pleuré toute la journée : elle disait qu'elle était amoureuse, mais elle ne voulait pas dire de qui, et lui, il ne l'aimait pas. Nico m'a dit que ça arrivait, il a été très amoureux d'une fille qui ne le regardait jamais. Depuis, il sort avec Alizée.

Je ne veux pas que ça nous arrive, qu'on ne se regarde plus. C'est aussi pour ça qu'on écrit ce journal. Pour comprendre qu'on est amoureux et pour que notre amour soit toujours plus fort.

Vendredi 30 janvier

J'ai lu ce que tu avais écrit sur les filles et sur Charlotte. Je sais qu'elle te plaît Charlotte, mais ne la regarde pas trop parce que moi, je suis très jalouse. Et puis Charlotte, c'est mon amie, c'est beaucoup plus qu'une copine. Avec une copine, on parle, on rigole, on s'amuse bien. Avec une amie, on se dit tout, on comprend ce qu'on pense. Et après, quand je réfléchis toute seule, j'ai l'impression de parler à ma meilleure amie.

Je sais, vous les garçons, vous ne comprenez pas ça. Max pour toi, c'est un copain : vous faites plein de choses ensemble, mais vous ne vous parlez pas comme nous. Peut-être que les garçons n'ont pas besoin de comprendre. Nous, avec Charlotte, on se pose des questions sur tout. Mais pas toutes seules : on le fait ensemble. C'est mieux, ensemble on pense mieux. Alors, ne la regarde pas trop, Charlotte.

Moi aussi il y a des garçons qui me plaisent et d'autres que je ne supporte pas. Je ne sais pas pourquoi. David, je le connais depuis le CM1, je le trouve beau et puis un jour, cette année, il m'a dit quelque chose sur mes yeux. Je n'ai pas très bien compris, mais ça m'a fait plaisir. Eh bien, David, je ne suis pas amoureuse de lui, pour moi c'est juste un copain. Je crois que les garçons ne font pas toujours la différence. Pour nous, un copain, ce n'est qu'un copain, tandis qu'un ami, c'est quelqu'un avec qui on peut parler. Et un amoureux, c'est encore différent. On n'en a qu'un !

Parfois on a l'impression, avec Charlotte, que pour vous les garçons, tout ça c'est la même chose. Bien sûr, vous avez des copains qui sont meilleurs que d'autres, mais c'est comme si une copine, une amie et une amoureuse, c'était pareil ! Sauf que quand on est amoureux, on s'embrasse. Pour moi, une copine et une amie, c'est très différent. Et en plus, une amie, je n'en ai qu'une, c'est Charlotte.

On est toutes les deux déléguées de classe, c'est bien parce que, comme ça, on est connues des profs et les copains nous demandent des trucs. Alexis dit qu'on est déléguées pour être populaires. Je crois que c'est l'inverse. C'est parce qu'il doit être jaloux qu'il dit ça. Et puis, il ne me plaît plus beaucoup Alexis. Je le trouve prétentieux, il dit toujours des choses sur les autres. Il dit des trucs sur les filles, qu'elles sont belles ou qu'elles ne sont pas belles, qu'elles sont maigres, qu'elles sont grosses...

L'an dernier, j'avais tout le temps faim, mais j'avais peur de grossir, alors je m'empêchais de manger. Charlotte m'a dit que ce n'était pas la bonne solution.

Alors depuis, on fait notre petit régime, c'est la mère de Charlotte qui lui a expliqué, elle est médecin : on ne mange jamais entre les repas, ça, c'est pas facile pour moi qui aimais bien ma barre de chocolat à la récré le matin, et on ne se ressert jamais à table ! Depuis, je rentre dans mes jeans comme sur des roulettes. Et en plus, il paraît qu'il faut marcher une demi-heure par jour : sauf que je préfère rentrer du collège en bus...

Mardi 3 février

J'avais vu pour David. Je savais qu'il te plaisait. Il n'y a qu'à voir comment il te regarde. Mais moi, je ne suis pas jaloux, parce que tu es amoureuse de moi. Je le vois dans la façon dont tu me regardes. La façon dont tu mets ta main sur ma joue.

C'est Nico qui m'a appris les signes qui ne trompent pas. Les gestes que l'on fait quand on est amoureux. Il m'a dit que ça lui avait servi pour comprendre que la fille, celle qui ne lui répondait jamais, n'était pas amoureuse de lui. Alizée, c'est pas pareil, tu verrais comme elle le regarde. Comme toi, hier, quand on était au club théâtre.

Il y a une copine de Nico, Delphine, qui est folle dingue amoureuse de Florent, son meilleur ami, mais lui, il ne l'est pas trop. Tu la verrais, elle rougit dès qu'il arrive quelque part et s'il lui parle, elle ne sait plus quoi dire, et elle fait tout ce qu'il veut. Je crois qu'il en profite.

Alizée, elle est super, et elle est vraiment amoureuse de Nico. On dirait qu'elle est sur un petit nuage où tout est beau et ça, ça plaît à Nico. Il m'a même dit qu'elle pense toujours à lui, même quand elle ne lui téléphone pas. Il paraît qu'elle pense à lui quand elle s'endort et qu'elle se réveille aussi avec son image dans la tête. Alors les rêves… ça ne peut être que lui !

Moi, c'est différent. D'abord je ne rêve pas beaucoup. Papa dit que c'est parce que nous, les hommes, on ne s'en souvient pas. Il est « psy » je sais, il faut bien que ça serve à quelque chose ! Ma sœur Pauline, elle rêve toutes les nuits. Et elle rêve en couleurs ! Et puis elle rêve souvent à un amoureux qu'elle n'a jamais rencontré. Je lui ai dit qu'elle n'avait qu'à se réveiller un peu plus tôt, pour voir si elle n'était pas avec lui dans un autre rêve ! Mais elle m'a dit qu'elle voulait le rencontrer en vrai. C'est compliqué les filles !

Moi, je pense à toi quand tu n'es pas là, mais pas tout le temps. Et pourtant je suis amoureux. C'est parce que je passe beaucoup de temps avec ma console. Souvent d'ailleurs, je n'arrive pas à décrocher et je me fais sonner les cloches, parce que c'est l'heure de manger. Ma console, c'est mon monde à moi. Quand j'ai du temps, quand j'ai fini mon travail, je m'éclate. J'aime surtout les combats : il faut être rapide et astucieux pour ne pas se faire avoir. Maman dit que c'est violent, mais moi je ne trouve pas. Bien sûr, il y a des morts, mais ce n'est pas la réalité. Elle ne peut pas comprendre ! Et quand quelque chose m'énerve ou que je suis contrarié, je suis toujours mieux après. Pauline dit *que c'est parce que ça me « console » ! Ah ! Ah ! Elle est bête quand elle fait ces jeux de mots à la noix.*

Vendredi 13 février

Comment sait-on qu'on est amoureuse ? Je crois que c'est quand on pense tout le temps à quelqu'un, qu'on a toujours besoin de le voir et qu'on en parle sans arrêt à sa meilleure amie.

Je viens de lire un truc idiot dans un magazine. Il y avait un test pour savoir si on était amoureux. Moi, j'étais dans la case « amoureuse folle dingue » ! Je ne sais pas si c'est vrai, mais je n'ai pas envie de te donner ce test, au cas où tu serais dans une case en dessous.

Demain c'est le 14 février, la fête des amoureux. Si on croit les journaux, on a l'impression qu'à la Saint-Valentin, tout le monde est amoureux. Je sais que ce n'est pas vrai. C'est comme une tradition, il faut faire ça tous les ans. Et moi, je n'aime pas les habitudes.

Et puis je n'ai pas envie de t'appeler « Valentin ». Tu es mon Arthur, je ne veux pas te changer de nom. J'ai une copine, Emma, celle des tennis roses, depuis ce matin elle appelle Thomas « son Valentin », et lui ne dit rien ! Il est bête. C'est comme ça que des garçons se font avoir par des filles et qu'après ils n'osent rien dire. Être amoureux ce n'est pas une fête qui peut le faire, ça vient tout seul.

Avec Arthur, on a eu « un deuxième coup de foudre », un jour en classe, c'était le 16 octobre, je m'en souviens. On s'est regardés ce jour-là : j'ai souri, il a ri, je lui ai répondu et on n'arrêtait pas de rire, comme si on ne pouvait pas s'en empêcher. C'était pas comme la première fois où on n'osait pas rire, et où on a eu trop d'émotion. Là, c'était un fou rire incroyable. Je me souviens, on ne pouvait plus s'empêcher de se regarder et de rigoler. C'est la prof qui a dû nous demander d'arrêter.

Je te trouvais super. Tu avais ton grand pull que j'aime. Tu me regardais et tu n'arrêtais pas. Ça fait drôle, rien que d'y penser.

J'aime pas la Saint-Valentin, mais je t'ai quand même écrit une lettre hier soir dans mon lit, parce que j'aime les lettres et je me dis que, peut-être, tu m'en écriras. C'est drôle une lettre, quand on l'écrit on a l'impression d'être avec la personne qui va la lire. Hier, c'était comme si tu étais avec moi, dans ma petite chambre. En plus, j'avais l'impression que tu lisais la lettre en même temps que je l'écrivais. Je sais que ce n'est pas possible, mais j'en avais l'impression et c'est cette impression qui me faisait du bien. Ça me faisait tout chaud au cœur, comme quand tu es là. Tu étais avec moi en pensée et c'est presque mieux, quand on ne peut pas faire autrement.

Ce soir, dans mon lit,
il est minuit

Arthur, mon Arthur,

C'est la première fois que j'écris une lettre d'amour. Je pensais tellement à toi que je n'arrivais pas à m'endormir, alors j'ai pris un livre, tu sais *Lady*, le livre de Melvin Burgess que je t'avais prêté. Et comme je n'arrivais toujours pas à dormir, j'ai pris mon beau stylo et je t'écris cette lettre.

C'est comme si je pensais à toi et que ma main dessine ce que je pense. J'y pense doucement et ma main va lentement. Parfois j'ai envie que tu sois là très vite, alors ma main l'écrit très vite, elle se met en colère, elle te dit : « Viens ! Pourquoi on ne peut pas se voir le soir tous les deux ? » C'est embêtant d'être amoureux, parce que ça me manque de ne pas te voir et on est trop jeune pour faire ce que l'on veut.

Mercredi, je voudrais aller au cinéma avec toi, j'ai déjà dit à maman que j'irai avec Charlotte. Elle est d'accord. Alors, choisis le film pour qu'il me plaise, pas un film d'action, mais plutôt une histoire d'amour. Au cinéma ils devraient filmer une vraie histoire d'amour, avec des vrais gens qui ont des sentiments, ça serait mieux qu'avec des acteurs. Mais peut-être que personne ne voudrait, car c'est trop personnel.

Notre histoire, je veux que ce soit toi et moi. On commencera demain.

Je t'aime, mon amoureux,

Ta Chloé

Lundi 16 février

Je sais, la Saint-Valentin, moi aussi je trouve ça nul, mais Nico a offert une bague à Alizée et elle était supercontente. C'est pas la fête des amoureux, c'est la fête des bijoutiers ! Papa dit que ce n'est pas la peine de faire des cadeaux parce que c'est une fête inventée par les commerçants. Mais je sais que les cadeaux, ça fait quand même plaisir.

J'ai reçu ta lettre, ça fait drôle de lire une lettre de toi, vu qu'on se voit tous les jours. C'est maman qui était curieuse. Elle m'a dit : « Tu reçois des lettres maintenant ? Ça doit être une amoureuse ! » Ça m'énerve, je lui ai dit : « Bien sûr que non, et puis c'est pas "des" lettres, c'est "une" lettre ! » Les adultes déforment toujours la vérité comme ça les arrange.

Elle est belle ta lettre. Je l'ai lue dans mon lit puisque tu l'avais écrite dans ta chambre. C'était comme si on était ensemble. Ça commence par « Mon Arthur », et ça, ça m'a fait comme un feu dans la poitrine.

Tu parles du « coup de foudre » et de la première fois où l'on s'est vus. Et moi, c'est exactement comme toi. D'accord pour les deux « coups de foudre » ! C'est drôle mais c'est vrai, ça me l'a fait à moi aussi la deuxième fois. C'était comme si on ne se connaissait pas alors qu'on était déjà amoureux. Je me souviens du rire qu'on ne pouvait pas arrêter et de tes yeux qui riaient. Je n'ai jamais vu des yeux si beaux, ils étaient bleus et brillants comme le soleil, et ta bouche qui me souriait.

C'est drôle de ne pas pouvoir s'empêcher. Depuis, on rit, on se regarde, mais c'est différent. Ce jour-là, c'était magique. Je me souviens aussi de mon cœur qui battait fort et je n'entendais plus rien. Max m'a dit que j'avais l'air shooté ! Comme si j'avais pris un truc qui m'aurait rendu bizarre. Mais moi, je me sentais bien. C'est curieux toutes ces sensations qu'on ressent quand on est amoureux. Alors ta lettre je la garde, sous mon lit, parce que c'est ma première lettre. Je n'en avais jamais reçu !

Moi aussi j'ai vu des faux amoureux aujourd'hui. Emma avec ses tennis roses et Thomas qui ne comprend rien. Jules, il m'a dit que c'était normal parce que Thomas, dans la Bible, il ne comprend jamais les choses au début, il faut toujours lui expliquer. Sauf que là, ce n'est pas difficile de voir qu'Emma veut qu'il fasse tout ce qu'elle dit. Si c'est comme ça, moi je ne veux pas. Quand on est amoureux, il faut que chacun pense ce qu'il veut et qu'on pense aussi à deux. Là, j'écris comme si je te parlais et je trouve que ce n'est pas très différent d'une lettre. Mais c'est quand même *notre livre d'amour : alors on doit y mettre tout ce que l'on pense sur l'amour et pas que pour nous. Je crois même que je vais dire des choses que je n'ose pas dire mais que je pense tout le temps.*

Mercredi 18 février

J'aime la bague que tu m'as donnée. Je ne sais pas où tu l'as achetée, mais elle est belle avec la pierre bleue. Tu m'as dit que c'était à cause de mes yeux. J'ai dit à maman qu'on l'avait achetée avec Charlotte à la carterie, ils ont des bagues en plastique, mais elles sont pas terribles. La tienne est top ! Charlotte n'arrête pas de la regarder. C'est super, j'ai l'impression d'être une grande !

Avec Charlotte on a vu des garçons de troisième : il y en a qui ont de la barbe et même d'autres qui ont des poils ! Toi, je sais que tu as un peu de moustache. Elle t'embête, mais moi je trouve ça bien. Surtout qu'il faut vraiment regarder de très près pour la voir !

Je vois papa se raser le matin et j'aime bien. Avant de se raser, il pique et après c'est très doux, il a la peau toute lisse. Tom, le frère de Charlotte, il se rase et j'ai vu qu'il avait des poils sous les bras. Je crois qu'ils en ont tous dans sa classe.

Il nous montre ses muscles, comme si on ne savait pas qu'il faisait du sport ! Alors on rigole, mais je le trouve mignon, Tom. T'en fais pas, je suis pas amoureuse de lui et puis il est trop grand, il est en seconde.

Maman m'a expliqué tout ce qui change chez les garçons, comme si je ne savais pas ! Mais je ne lui ai pas dit que je savais pour qu'elle ne croie pas qu'on se voit. Elle m'a encore reparlé de ton père qui est psy, elle m'a même demandé : « Tu ne le revois plus, Arthur, j'espère ? »

Elle m'a tout dit pour les poils, ce qui changeait, pour le « zizi » aussi ! Avec Charlotte, on dit le « sexe ». Maman continue à me dire : « Tu sais, le zizi des garçons, c'est pas comme le zizi des filles. » Elle me prend pour un bébé ! Bien sûr que je sais ! Elle m'a dit aussi pour les règles et les rapports, mais elle m'en avait déjà parlé puisque je mets des tampons depuis un an. Enfin, à chaque fois, elle me parle de la pilule comme si elle avait peur que... Moi, je n'en ai pas peur parce que je suis amoureuse et que je sais qu'on ne fera pas encore l'amour. On n'a pas l'âge.

C'est papa qui m'a parlé de la voix des garçons. Ça, c'est drôle quand leur voix change. On ne les comprend plus et ils sont tout étonnés. Jérémy, ça lui est arrivé en cours de français, pendant une rédaction qu'il lisait à toute la classe. Il a commencé avec sa voix normale, mais tout d'un coup, il parlait plus bas, il avait une grosse voix et puis ensuite il reprenait l'autre. On rigolait tous et il est devenu tout rouge. Il ne savait plus où se mettre. Papa m'a dit que c'était les hormones, que ça venait comme ça, tout d'un coup, et que les hommes avaient la voix grave et pas les femmes. Je n'aimerais pas que ça t'arrive pendant un cours. Mais je crois que tu as déjà la voix des hommes. C'est peut-être pour ça que je suis amoureuse, parce que tu n'es pas comme ces idiots qui font les bébés, qui rigolent tout le temps et qui ont des voix de filles.

J'ai essayé de faire un soleil, parce que j'ai un soleil dans mon cœur, mais ce n'est pas aussi bien dessiné que toi.

Jeudi 19 février

Je n'aime pas trop ma moustache, même si elle ne se voit pas. Ni les poils qui me poussent partout. Mais c'est la vie, alors j'apprends à m'y faire.

Moi aussi j'ai vu les filles changer : il y en a qui ont grandi et d'autres qui sont restées gamines. Ça doit venir de ce qu'elles pensent. On n'est pas tous pareils, surtout cette année. Elle est bizarre la classe, on est trop différents. Les filles surtout, il y en a qui ressemblent à des photos de magazines : elles ont tout, elles se maquillent, elles mettent des soutiens-gorge pour impressionner les garçons. Mais pour beaucoup, ça ne leur fait rien. Moi, je vois bien la différence.

Toi, j'aime bien quand tu mets ton rouge à lèvres qui n'est pas rouge, celui qui a goût de framboise. Il est génial et puis il n'y a que moi qui en connais le goût. Charlotte, elle met un parfum à la pomme, on la sent venir même quand on ne la voit pas. Mais nous, les garçons, on n'ose pas trop avec les parfums. Un jour j'ai essayé celui de Nico, mais ça sentait tellement fort que je me suis douché avant d'aller en classe.

Avec Max, on se fait des piques dans les cheveux avec du gel, c'est marrant et les filles aiment bien ça. Il y en a qui nous imitent : ils se mettent du gel rien que pour faire comme nous. Mais ceux-là, elles ne les remarquent pas !

Nous, on préfère les filles qui ont de la poitrine. Chloé et Charlotte, elles disent « des seins ». Je trouve que « les seins » c'est quand ils sont très gros. Elles, elles ont de la poitrine, mais ça se voit bien. Je sais aussi qu'elles ont des poils, comme nous, c'est Pauline qui me l'a dit. Elle me les a même montrés une fois. Pauline, je la voyais tout le temps quand j'étais petit, c'est normal c'est ma sœur, quand maman nous donnait le bain ensemble. Je ne regardais pas trop mais je savais comment elle était. Maintenant je dis « le sexe », mais pour ma sœur, j'ai du mal à utiliser ce mot.

Un jour Pauline me l'a montré parce qu'elle était fière, elle m'a dit : « Je suis une femme maintenant, regarde ! » Et j'ai vu qu'elle avait des poils à cet endroit, sur sa peau et tout autour. Et puis, elle a vite refermé son peignoir.

Le sexe, c'est que des trucs comme ça, qu'on doit savoir et que personne ne nous montre. Alors on n'ose pas et quelquefois, on ne comprend rien. Je connaissais un gars en CM2, il croyait qu'on faisait les enfants par la bouche et il avait très peur de boire dans le même verre qu'une fille. Il y a bien des cours d'éducation sexuelle en quatrième et en troisième, mais ça fait un peu bizarre d'apprendre ça comme si c'était de la géographie.

Mercredi 25 février

C'est drôle maintenant, on n'ose pas se montrer, alors qu'avant, quand j'étais petite, j'étais toute nue à la maison. Arthur me dit que ça s'appelle la pudeur. C'est son père qui lui en a parlé : il connaît toujours des mots nouveaux. Ce n'est pas très joli « pudeur » et puis il paraît que ça veut dire qu'on a honte. Moi je n'ai pas honte, mais je ne veux pas montrer mon corps à tout le monde. Avec Charlotte on se regarde souvent, et on n'a pas honte. Je crois que les adultes ne comprennent rien à nos histoires. Du coup, on est obligées de se cacher à cause d'eux !

Moi j'aime bien mes seins, ils sont tout petits, mais ils sont doux et c'est agréable de sentir qu'il y a quelque chose dedans. Maman a des seins très gros, je n'aimerais pas avoir les mêmes. Charlotte dit qu'il y a des régimes pour ça. Mais je ne la crois pas. Le corps change tout seul et c'est mieux comme ça. Maman n'a pas toujours raison, mais là elle m'a dit qu'il ne fallait pas faire des régimes pour n'importe quoi. Il y a beaucoup de filles qui veulent en faire parce qu'elles grossissent. Mais c'est normal de grossir quand on grandit !

Je me pèse de temps en temps sur sa balance et je ne pèse jamais le même poids. Hier, je faisais 37 kg et Charlotte 35, enfin un peu moins parce qu'on avait gardé nos chaussures ! Emma, cette crétine, elle voudrait toujours garder le même poids. Elle dit qu'elle ne veut pas être grosse. Mais ce n'est pas possible, puisqu'on grandit. C'est surtout qu'on n'est plus comme avant : la poitrine mais aussi les cuisses. Ma robe de l'an dernier, celle que j'aime bien parce qu'elle me moule le corps, eh bien elle me serre trop maintenant.

D'ailleurs les femmes, c'est fait pour avoir des formes. Dans les magazines, elles sont souvent très maigres et très plates mais finalement, je n'ai pas très envie de ressembler à ça.

Hier, c'était mardi gras, on a fait des crêpes avec Juliette, et Charlotte est restée dormir à la maison. Elle a déjà dormi dans mon lit, plusieurs fois, et moi chez elle. Mais hier, ce n'était pas comme d'habitude. Quand on s'est mises en pyjama, on s'est regardées. On n'a pas du tout la même poitrine. La sienne est toute petite avec un téton un peu pointu. Ma poitrine, elle est plus grosse et le téton plus large, un peu plus dur aussi.

On se demande quand elle s'arrêtera de pousser. Juliette dit que la poitrine c'est comme une fleur : elle arrête de grandir quand la fleur est ouverte. Je ne comprends pas trop ce qu'elle veut dire, mais je pense que c'est lorsqu'on devient une femme. Mais alors, quand est-ce qu'on est une femme ? Tout le monde dit des choses différentes. Ma grand-mère m'a dit l'an dernier que j'étais une femme quand je lui ai dit que j'avais mes règles. Moi je ne crois pas que ce soit ça : ça n'a rien changé pour moi. Il y en a qui disent que c'est quand on a un bébé. Ça c'est « être mère ». Mais être une femme, je pense plutôt que c'est « faire l'amour avec un garçon ».

Jeudi 26 février

La poitrine des filles nous fait un peu peur. Nous aussi, on en a une, mais elle ne grossit pas. Sauf pour ceux qui sont malades. Il y avait un garçon en CM2, sa poitrine a gonflé. On aurait dit une fille. La prof nous a dit que c'était une maladie, que c'étaient les hormones. Moi je n'aimerais pas que les hormones me fassent ça.

Pour les filles, je crois que c'est aussi les hormones, mais chez elles c'est normal. Et puis il faut croire qu'il y en a qui ont beaucoup plus d'hormones que les autres. Margot, par exemple, la sœur de Jules qui est en troisième, elle a une poitrine énorme et les garçons se moquent d'elle. Mais elle sait se défendre et elle s'en fiche. Elle a bien raison parce que je trouve qu'elle est belle, Margot. Mais souvent, les filles qu'on trouve belles, Max et moi, elles pensent qu'elles ne le sont pas. C'est curieux comme elles peuvent être moches et belles en même temps !

La poitrine des filles, je crois que c'est un peu comme le sexe des garçons : quand il est grand, il devient dur. Dans l'amour, nous les garçons, notre sexe a une érection et les filles c'est peut-être leur poitrine ! Avec Max, ça nous fait rigoler.

Quand Alizée arrive à la maison super bien habillée, sa poitrine c'est la première chose que Nico regarde. Mais pourquoi les filles ont-elles de la poitrine ? Le sexe des hommes, je vois bien à quoi ça sert, à faire l'amour, mais la poitrine des femmes ? Ça sert à quoi ? Aucune idée ! Bien sûr pour les enfants quand elles les font téter... Mais c'est pas souvent ! Il doit bien y avoir autre chose.

Ma sœur Pauline a trois ans de plus que moi, elle est en seconde, mais elle n'a eu qu'un seul copain ! Nico m'a dit que c'est parce qu'elle est trop timide et qu'elle a été déçue un jour où elle était très amoureuse. Il paraît qu'il ne faut pas penser au grand amour, surtout pour les filles qui attendent le Prince charmant, sinon on est malheureux.

Avec Chloé, c'est différent : on est amoureux pour la vie. C'est pour ça qu'on n'en parle à personne et qu'on veut tout comprendre. Je sais qu'un jour, on fera l'amour. Mais pas encore. On n'est pas prêts. Juliette a dit à Chloé que quand on fait l'amour trop tôt et sans savoir, ce n'est pas toujours bien et qu'on est souvent déçu. Chloé et moi, on ne veut pas être déçus.

Mardi 2 mars

Ma sœur, Juliette me dit tout. Elle m'a expliqué que la « première fois », elle avait eu peur parce que le sexe de son copain lui avait paru très gros. C'est normal, elle n'était pas vraiment au courant. Maman ne lui avait pas expliqué. Je n'ai encore jamais vu un garçon avec une érection, mais ça ne me fait pas peur puisqu'en plus, le garçon, ce sera Arthur. Ah, si ! Un jour, j'ai vu papa sortir de la salle de bain avec son sexe plus gros que je ne l'avais jamais vu. Mais je me suis dit que ça devait être normal.

Juliette me dit que c'est le désir qui le fait grossir. Ça doit être vrai puisque Arthur me dit que ça lui arrive chaque matin en pensant à moi. Et Arthur il m'aime.

Avec les copines, on parle des fois du sexe des garçons et ça nous fait rire. Ils sont toujours en train de dire qu'ils sont plus grands, plus forts. Tom, le frère de Charlotte, lui a dit qu'ils faisaient des concours. Un jour, ils étaient tout nus et avec un centimètre ils se mesuraient le zizi. Même qu'il y en a un qui n'a jamais voulu le montrer. Bien sûr, ce sont les plus grands qui décidaient. Ils sont désespérants les garçons, toujours à se comparer. Comme s'il fallait chaque fois que ce soit les plus grands qui dirigent. Que ce soit le plus gros zizi qui commande !

Nous les filles, on n'est pas comme ça. Pas besoin de dominer. Avec Charlotte aucune des deux ne commande. On n'a même pas besoin de dire un mot. C'est mon amie, elle me comprend et moi aussi. Même quand on est avec Emma et Julie, il n'y en a pas vraiment une qui commande. Si on veut faire des choses ensemble on le fait, sinon on fait autre chose. Tandis que les garçons, on a l'impression qu'ils se bagarrent tout le temps, même quand ils ne se tapent pas dessus. Et c'est toujours le plus grand qui a raison. Parfois, c'est un petit, le plus intelligent, mais pour eux il faut toujours qu'il y ait un chef.

Juliette m'a encore dit que les plus petits sexes deviennent aussi grands que les autres quand ils bandent. En tout cas, ça a l'air drôlement important pour eux.

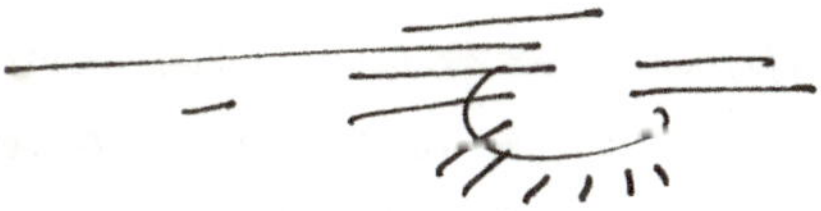

Jeudi 4 mars

Ce n'est pas la grosseur qui importe. C'est Nico qui me l'a dit. L'important, c'est la façon de le faire et d'être doux avec la fille. Nico m'explique beaucoup de choses parce qu'il a été très timide, il n'osait rien demander et ne veut pas que je vive la même chose et que je m'embête en étant nul.

Il y a longtemps que j'ai des érections le matin. Au début, je ne savais pas ce qui se passait. Je croyais que mon sexe était dur parce que j'avais envie d'aller aux toilettes. Mais Nico m'a dit que c'était normal chez tous les hommes, et que ça n'avait rien à voir. Et puis une nuit, l'an dernier, j'ai cru que j'avais fait pipi au lit et j'ai eu la honte de ma vie. Mais j'ai vu que ce n'était pas ce que je croyais. Nico m'a dit que c'était la « puberté », que j'étais un homme, que c'était du « sperme » et que c'était normal. Ça fait quand même bizarre au début quand on ne sait pas.

Depuis, ça m'est arrivé d'autres fois sans le vouloir, mais aussi parce que je touchais mon sexe avec ma main. Un jour, il n'y a pas longtemps, j'étais très embêté, parce que ça m'est venu en classe. Je ne savais pas pourquoi je bandais et puis j'avais ma main dans ma poche et tout d'un coup, c'est venu. Je ne sentais plus mes jambes, j'ai rougi, je pensais que toute la classe m'avait vu, mais personne ne s'en est aperçu. Ensuite, j'ai dû me cacher pour ne pas montrer que j'avais le pantalon tout mouillé. Et puis ça a séché. Et même maman ne s'en est pas aperçue ! J'ai vraiment eu peur que ça se voie.

C'est bizarre le sexe, on est honteux et on se cache. Comme si on avait fait une faute.

Heureusement j'ai un sexe normal, parce que je n'ai pas aimé, la semaine dernière dans les vestiaires, quand Kevin a fait un concours pour se vanter. Il venait de sortir de la douche très chaude, et il se moquait de Valentin qui avait le sexe tout petit parce que la porte était ouverte et qu'il grelottait. C'est vraiment nul !

Mercredi 10 mars

Heureusement, moi j'ai Juliette qui m'explique quand je ne comprends pas. Elle m'a dit pour la puberté et tout ce qui changeait en moi. Elle m'a dit aussi que c'était très important de connaître son corps. Au début, je ne comprenais pas : je me disais que je le connaissais, mon corps, puisque je me regardais dans la glace de la salle de bain. Mais en fait, il y a beaucoup de choses que je ne pouvais pas connaître puisque je ne les voyais pas : et ce n'est que comme ça que je pouvais les découvrir. Un jour, dans la salle de bains, j'ai regardé avec un miroir pour voir comment c'était. Ça m'a fait drôle et j'avais un peu honte, mais pourtant, c'est plutôt mignon.

Ça m'a aussi appris l'effet d'une caresse. Juliette m'a dit que c'est très important parce que comme ça, quand on commence avec un garçon, on est déjà habituée et on peut ressentir des choses agréables.

J'en ai parlé à Charlotte. C'est génial une amie, ça permet de mieux se comprendre et on peut se dire ce qu'on ressent. Charlotte prend des bains avec de l'huile de palme et un peu de lait. C'était la recette de Néfertiti, la reine d'Égypte. Elle l'a lu dans un livre d'histoire. Depuis qu'on fait ça, Charlotte et moi, on a la peau bien plus douce. Mais maman dit que je prends trop de bains. Je crois que c'est bon pour la santé, et puis c'est agréable, un bain, pour une femme.

Le sexe des filles, c'est doux. L'an dernier quand mes poils ont commencé à pousser, j'avais l'impression qu'ils étaient durs mais maintenant qu'ils sont plus longs, ils sont doux et frisés.

Jeudi 11 mars

J'ai lu un truc bizarre dans un livre de papa : ils prétendaient que les filles sont comme un garçon à qui il manquerait le sexe. Mais pourquoi les filles auraient été faites à partir d'un garçon ? Je crois plutôt que les filles c'est « différent », qu'elles ont quelque chose que les garçons n'ont pas, et que leur sexe, il est à l'intérieur. De temps en temps, je vais regarder des livres dans la bibliothèque de papa : les psys en ont tout un tas. Mon père m'explique beaucoup de choses quand je lui demande, mais rien si je ne demande rien. Je pense qu'il ne veut pas m'en parler ni trop montrer ses livres pour qu'on ne croie pas qu'il est un « obsédé » ! Obsédé, ça veut dire qu'on ne pense qu'à ça.

Le sexe des filles, on n'en parle pas, nous les garçons. Il y en a qui veulent faire leurs caïds et qui disent « la chatte » ! Mais ils comprennent à peine ce qu'ils disent et ils se servent de ce mot comme une injure.

Le sexe des filles, on n'en parle pas parce qu'on ne sait pas quoi dire. C'est difficile à imaginer, ça nous intimide. Et puis on n'en parle pas parce qu'on ne l'a jamais touché. Il y en a qui en ont vu, ceux qui ont des sœurs. Thomas, il nous en parle. C'est le plus grand de la classe, celui qui ne croit que ce qu'il voit ! Sa sœur est plus petite que lui, mais elle a déjà des poils. Je lui ai répondu que ce n'était pas que des poils, le sexe d'une fille, que c'est à l'intérieur qu'il est et qu'on ne peut pas comprendre. Mais il y en a qui ne veulent pas me croire. C'est encore cet imbécile de Valentin, je crois qu'il restera bête toute sa vie.

Moi, j'essaie de m'imaginer, pour quand on fera l'amour, plus tard. Il faut bien que le sexe de la fille soit aussi grand à l'intérieur que le *sexe du garçon. D'ailleurs, Chloé le dit. Et puis quand elle sera plus grande, son sexe sera plus grand aussi. Je crois que c'est toutes ces différences qui font la timidité, parce qu'on ne sait pas trop comment une fille pense les choses et comment elle a envie qu'on en parle.*

C'est pareil pour le corps, on ne sait pas bien comment elles sont faites, donc on n'ose pas. C'est ça, la timidité.

Mardi 16 mars

Les garçons sont trop timides pour certains trucs et pas assez pour d'autres. À la boum chez Julie, l'an dernier, j'aurais aimé que Grégoire m'invite à danser. À l'époque, je l'aimais bien et je le regardais pour qu'il le sache. Je voyais qu'il le savait, mais il n'arrêtait pas de parler avec ses potes. Jamais il n'est venu. Il faisait son fortiche et il était supertimide. Ça va, parce que après je m'en fichais. Mais on l'a vu, hier avec Charlotte, il draguait une troisième devant tous les copains. Il était trop gonflé !

J'aime bien quand Arthur est entreprenant. Quelquefois, il ose me dire un truc perso devant les copines. C'est trop génial. Alors je le regarde dans les yeux, on n'a pas besoin de se parler et on se comprend.

Nous les filles, on a des fous rires comme je n'ai jamais vu les garçons en avoir. L'autre jour, à la danse, c'est parti quand on s'est vues dans la glace avec nos nouveaux chaussons. Je ne peux pas dire pourquoi on s'est mises à rire, mais on ne pouvait plus s'arrêter. Même la prof n'y arrivait pas. Marine surtout, elle était toute rouge et elle riait. Charlotte et moi on n'arrêtait pas. Et quand on arrêtait on recommençait. On était mortes de rire !

On n'a pas pu suivre le cours : la prof était furieuse et on a dû s'excuser. Les fous rires, il ne faut les avoir que chez soi, dans sa chambre. Mais même là, quelquefois maman vient nous dire de nous calmer parce que papa ne peut pas lire. On ne peut jamais être tranquilles !

Et puis je trouve que le fou rire, c'est bien parce qu'on n'en a qu'avec les meilleures amies. Ça veut dire qu'on s'aime bien et qu'on se connaît bien pour rire de la même chose. Sauf que parfois on a l'impression de s'étouffer, tellement on rit !

Les filles sont moins timides que les garçons : quand quelque chose ne nous plaît pas, on le dit. Les garçons, souvent, ne le disent même pas et après, on ne comprend pas pourquoi ils ne le font pas. Et puis je pense que quand on veut quelque chose, il faut foncer.

Marine était amoureuse d'Emmanuel. On en a parlé et puis elle le lui a dit. Il paraît qu'il était tout rouge et qu'il n'a rien répondu. Elle a été déçue, parce que je crois qu'elle l'aime vraiment et lui aussi. Sa sœur nous l'avait dit qu'il l'aimait. Mais pourquoi les garçons sont timides comme ça ?

Mercredi 17 mars

La timidité, c'est comme une peur d'agir. Souvent, on a envie de faire quelque chose et on n'ose pas. Surtout pour parler aux filles. Peut-être que les garçons n'ont pas assez confiance en eux. Nico m'a raconté qu'une fois, il était très amoureux d'une copine et qu'il n'osait pas lui parler. Ça a duré toute l'année, il n'arrivait jamais à faire le premier pas et quand il a pu, elle sortait avec un autre. Alors il s'est dit : plus jamais ça. Depuis il dit qu'il n'est plus timide ! Je le crois parce que c'est mon frère, mais je ne sais pas si la timidité, ça s'envole tout d'un coup aussi vite.

Moi, je n'arrive pas à oser tout ce que je veux. C'est comme Jérémy, ça fait longtemps qu'il regarde Léa. Ils sont tous les deux dans ma classe. Léa le sait par ses copines et surtout, ça se voit, parce que Jérémy rougit tout le temps quand il la regarde. Alors elle le fait exprès, elle s'approche de son groupe de copains et là le pauvre Jérémy, il ne peut pas parler, il s'embrouille, il bégaie. Je trouve que c'est de la méchanceté, parce qu'il n'arrive jamais à lui parler. Et je pense que Léa ne l'aime pas.

Ce n'est pas drôle la timidité, on ne sait jamais comment faire, on transpire, on rougit, on rate ce qu'on fait, on a l'impression d'être complètement stupide, et ça arrive surtout aux garçons. Moi j'ai de la chance, avec toi je ne suis jamais timide parce qu'on est très amoureux tous les deux. Je crois que la timidité, c'est quand l'un des deux ne l'est pas. Et même quand on n'est pas timide, c'est difficile de dire les choses, surtout ce qu'on pense. C'est plus dur pour les garçons, parce que les filles, comme elles ont l'habitude de se parler et de se dire ce qu'elles ressentent, elles y sont préparées.

À la maison, Pauline et maman se racontent tout, elles passent des heures à discuter. Mais Nico, papa et moi, on n'a pas besoin de parler : quand on veut faire quelque chose, on le fait, c'est tout !

Alors, avec toi, j'apprends à dire ce que je pense, mais ce n'est pas facile. Je n'arrive pas souvent à trouver les mots qu'il faut pour dire ce que je ressens. Au début je ne voyais pas à quoi ça servait : puisqu'on le pense ce n'est pas la peine de le dire. Mais je vois que ça t'intéresse et que ça te fait plaisir. Et moi, je veux te faire plaisir.

Vendredi 19 mars

Incroyable, on peut se voir maintenant avec Arthur ! Maman a rencontré son père à une réunion de parents d'élèves et elle le trouve formidable. Il paraît même qu'il viendra nous faire un cours d'éducation sexuelle en classe, au troisième trimestre ! Ça c'est typique des adultes. Ils t'interdisent de faire un truc et puis après c'est fini, tu as le droit !

Heureusement, à la maison on parle beaucoup. J'ai eu l'habitude avec maman et Juliette, de comprendre le pourquoi du comment. Je voyais comment elles vivaient et ce qu'elles pensaient. Mais les garçons, on a l'impression qu'ils ne se posent jamais de questions. Et après, ils nous disent qu'on est compliquées. Je trouve que c'est plutôt le contraire : s'ils se posaient plus de questions, ils nous comprendraient mieux. Et puis s'ils veulent être amoureux d'une fille, il faut qu'ils apprennent à parler, parce que nous, on aime ça !

Il n'y a rien de pire qu'un garçon qui essaie de dire quelque chose et puis… ça ne vient toujours pas ! On voit qu'il rougit, qu'il est très gêné. C'est l'horreur, surtout quand on ne l'aime pas. Je crois qu'il faut qu'ils s'entraînent à dire ce qu'ils pensent aux filles. Mais qu'ils le fassent avec une fille sympa qui aime écouter et discuter. Parce que les autres, les crâneuses, celles qui se moquent tout le temps, je te dis pas le stress !

Les filles comme Ariane par exemple, elles se croient les plus belles du monde et elles se moquent des garçons. L'embêtant, c'est que les garçons s'intéressent quand même à elles ! Ariane et sa copine Margot, elles ont tous ceux qu'elles veulent. Eux, comme des idiots, ils leur courent après comme des petits chiens. Et elles s'en fichent, ça se voit bien. Mais ce n'est pas juste, parce que nous, on aimerait qu'ils s'intéressent à nous. Je ne sais pas pourquoi c'est comme ça.

En tout cas, la timidité, c'est galère ! Et il vaut mieux parler que ne rien dire du tout. C'est comme mon cousin Damien : lui aussi, il aimait Amandine et il n'a jamais pu lui dire. Je n'arrêtais pas de le pousser, de lui donner du courage, mais il n'a jamais pu. C'est dommage, parce que je l'aimais bien, Amandine.

Mardi 23 mars

C'est super que ta mère soit plus cool. Maintenant, je vais pouvoir venir plus facilement le mercredi.

Je viens de lire ce que tu as écrit sur Damien. Moi aussi je lui disais qu'il pouvait aller la voir, Amandine. Mais après ? C'est pas évident.

Pour lui dire quoi ? Qu'il l'aimait ? D'amour ? Et pas simplement qu'il l'aimait bien.

Vous, les filles, vous dites qu'on doit être moins timide, mais pourquoi c'est toujours le garçon qui doit dire à la fille qu'il l'aime. Bien sûr, il y a des filles aussi qui font le premier pas. Jules m'a parlé d'une fille de sa classe qui est allée dire à un de ses copains qu'elle était amoureuse. Lui, il ne savait plus où se mettre et après, il essayait de ne pas la rencontrer. Maintenant, il y en a beaucoup qui se méfient. Alors tu vois, c'est pas mieux !

Mais je trouve que quand on est un garçon, la vie est plus difficile parce qu'il faut décider les choses et dire ce que l'on pense, sinon les filles croient qu'on en est incapable. J'ai lu dans un bouquin sur la préhistoire que les premiers hommes allaient à la chasse, ramenaient à manger, décidaient de tout et construisaient les cabanes tandis que les femmes les attendaient avec les enfants. Mais on n'est plus les premiers hommes et la vie doit se décider à deux, quand on est amoureux. Avant, bien sûr, c'étaient les hommes qui décidaient. Papa m'a dit qu'à son époque aussi, c'était comme ça ! Mais en amour, je trouve que ça doit être pareil, ça ne devrait pas être toujours aux garçons de faire le plus difficile.

Et puis, comment dire les mots de l'amour ? À toi, je peux dire ce que j'aime et que je suis *amoureux. Mais c'est difficile de vraiment savoir. Qu'est-ce que veut dire « l'amour » ? Qu'est-ce que ça veut dire, « aimer » ? On peut aimer un peu, beaucoup, aimer bien, aimer d'amour. J'aime d'amour mon père et ma mère. Je crois aussi que je t'aime d'amour. Mais ce n'est pas pareil et je ne sais pas dire pourquoi. C'est vrai, on s'est embrassés sur la bouche. C'est vrai aussi que ceux qui s'aiment d'amour, ils font l'amour. Mais nous, on est trop jeunes. Alors on s'embrasse et on se fait un câlin. C'est notre façon à nous de faire l'amour.*

Parce que ça sert à quoi « l'amour » sinon à se sentir bien avec la fille dont on est amoureux et à lui faire plaisir ?

Vendredi 26 mars

Faire l'amour, ça sert à faire des enfants. Moi, je sais que j'en aurai deux, un garçon et une fille. Et quand on fera l'amour, la première fois, je prendrai la pilule. Ça, maman m'en a déjà parlé et Juliette aussi. Elle m'a dit qu'il fallait la prendre avant.

Pour moi, l'amour, ce sont des sentiments, c'est penser toujours au garçon qu'on aime. Alors, si on dit « faire l'amour », c'est qu'on le fait avec une personne qu'on aime. Il y en a qui disent qu'on peut faire l'amour même si on n'aime pas. Ça, je ne crois pas. Juliette m'a dit qu'il y avait d'autres mots d'argot pour dire « faire l'amour » sans aimer : on « baise » ou on fait « crac-crac » !

Avec Charlotte, on rigole de tous ces mots qu'on ne dit pas. Ça ne se dit pas, « baiser » ! Faire « crac-crac », je trouve que c'est drôle : ça veut dire « faire l'amour en bougeant » ! Il y a plein de mots comme ça qu'on ne prononce pas devant les adultes. Je crois qu'ils pensent qu'on ne connaît rien de sexuel. Mais nous, on en parle et on sait bien ce que c'est. Je sais aussi que les garçons bandent même quand ils sont puceaux. D'ailleurs un jour Arthur a eu une érection, et j'ai senti quelque chose de dur contre ma jambe. C'est drôle de sentir quelque chose qu'on ne connaît pas encore.

Charlotte et moi aussi on est pucelles puisqu'on n'a jamais fait l'amour, mais je ne trouve pas ça beau, le mot « pucelle », ça fait penser à Jeanne d'Arc ! Alors je dis « vierge », parce qu'en plus c'est mon signe astro.

C'est bientôt l'anniversaire d'Arthur et j'ai lu mon horoscope en pensant à lui. Il est Taureau et mon signe dit qu'un Taureau saura m'apporter la sécurité et qu'il enflammera mon cœur. Ça c'est déjà fait ! Ils disent aussi qu'il est secret mais qu'il est décidé et que c'est un bosseur. C'est vrai mais je me demande si ça ne correspondrait pas à beaucoup d'autres personnes ! Ils disent aussi que les Taureaux sont bien avec les Vierges et mal avec les Scorpions. Ça tombe bien, parce qu'en plus je n'aime pas les Scorpions. L'astrologie, je n'y crois pas vraiment, mais je trouve ça drôle. Et puis Charlotte m'en parle tout le temps. Elle est Balance et on lui dit toujours qu'elle ne sait pas choisir : qu'elle « balance » ! Mais elle en a marre de ne pas savoir ! Elle a Julien, mais elle pense toujours à Cédric. Et là, son thème lui a dit qu'elle s'était peut-être trompée de garçon. Alors, elle est très embêtée, Charlotte. Et elle repense à Cédric.

VIERGE

Voilà le printemps, les Taureaux sont de sortie ! Méfiez-vous de leurs avances car l'un d'eux enflammera votre cœur, pour un été ou peut-être plus. Amour, patience et tranquillité vous seront nécessaires. Vous avez des décisions à prendre. Attention aux coups de cœur !

TAUREAU

Vous êtes travailleur et obstiné, deux qualités qui vous enracinent dans le concret. Donnez du piment à la vie, ajoutez une pointe de malice, de l'humour, de l'astuce. Osez dire ce que vous pensez. Rencontres conseillées : les Vierges. Scorpions s'abstenir.

Jeudi 1er avril

Avec Max, on connaît beaucoup de mots d'amour, mais aussi des mots du sexe. Dans la bibliothèque de mon père, j'ai trouvé le

Dico de l'amour, *il contient tous les mots pour parler du sexe des garçons et des filles : il y en a plus de mille ! Nous, on dit « bite » et « couille », mais simplement entre nous. On dit aussi « pine » ou « zob ». Mais quand on parle à des adultes, on ne dit jamais « couille », on parle des « bijoux de famille », ça fait mieux. Valentin, cet idiot, l'autre jour il parlait de « zizi » et puis après il a dit « quiquette » ! Woaouh ! C'est trop bébé, « quiquette » !*

Max est tombé à la piscine et il m'a dit : « J'ai mal aux couilles ! » Mais quand le prof lui a demandé, il a dû dire : oui, aux « bijoux de famille » ! Et le prof a rigolé. Mais Max, il avait très mal.

« Le cul » c'est « les fesses ». « Faire l'amour » c'est « baiser » quand c'est avec quelqu'un et « se branler » quand on est tout seul. Autrefois, les grands disaient que ça rendait sourd. Valentin, encore lui, il n'a jamais osé se toucher. Quand on lui en a parlé, il disait : « Vous n'êtes que des cochons et il va vous arriver des maladies, parce que ma mère dit que ça fatigue et que ça peut même rendre fou. » Alors on a rigolé parce que Nico m'a bien dit que tout ça ce n'est pas vrai. Il est nul ce Valentin !

En plus, il ne sait pas que c'est vachement agréable. Et puis c'est normal de faire ça puisque, pour l'instant, on ne fait pas encore l'amour. C'est idiot tous ces trucs faux qu'on invente sur l'amour ou sur le sexe, comme « la masturbation, ça rend malade ». C'est comme s'ils voulaient nous empêcher de le faire, alors que c'est normal : je le vois bien puisque tous les copains le font et qu'il n'y en a aucun de malade.

Je me demande si les filles le font, je n'en ai jamais entendu parler. Et comment elles pourraient faire ? Je crois qu'elles ont comme un petit sexe qui s'appelle le « clitoris », mais je ne sais pas à quoi il sert. Et puis il doit être très petit puisqu'on ne le voit pas. Il faudrait qu'on nous explique ça à l'école. Peut-être que mon père nous fera un cours là-dessus. C'est drôle d'avoir un père qui est psy, qui écrit des livres sur l'amour, et qui nous dit si peu de choses là-dessus. Mais c'est peut-être parce que je suis son fils qu'il ne peut pas m'en parler comme il le fait à d'autres. Ça me rappelle le proverbe qui dit que ce sont les cordonniers qui sont les plus mal chaussés.

Mardi 6 avril

J'ai lu ce que tu disais sur les garçons. Nous, c'est pareil, sauf que les filles, elles en parlent moins. C'est personnel, les caresses. J'ai lu un article dans une revue que Juliette avait laissée à la maison. Dans cet article, ils ne disaient pas « se masturber » comme les garçons, mais « se caresser ». Ils parlaient des « caresses intimes », c'est-à-dire sur les seins ou dans le sexe. Ils disaient que c'était bien pour une fille, que ça lui permettait de se connaître pour ressentir du plaisir et pour se préparer à faire l'amour, pour plus tard, quand on sera grandes.

Les copines n'osent pas trop en parler. C'est normal, puisque personne n'en parle, même pas leurs mères. Mais il paraît que ça permet de bien se connaître pour comprendre ce qu'on ressent quand on fait l'amour avec un garçon. Juliette dit qu'on devrait l'apprendre à l'école… Elle exagère Juliette : j'imagine un prof qui parlerait de ça !

En tout cas, les parents pourraient dire que ce n'est pas « mal ». Parce qu'il y en a beaucoup qui croient que c'est la honte et que c'est interdit. Mais c'est quelque chose de personnel, d'intime comme ils disent dans la revue de Juliette. Alors j'ai dit à ma mère : « Tu ne rentres pas dans ma chambre sans prévenir. » Et maintenant, elle frappe avant d'entrer.

Mercredi 7 avril

J'aime te caresser Chloé, quand on s'embrasse et qu'on se serre fort l'un contre l'autre. J'aime caresser ton dos, tes épaules, partout où ma main peut te toucher. C'est agréable, c'est doux et c'est chaud de te caresser, surtout quand il fait très froid dehors ! Et puis, j'aime te soulever après qu'on s'est embrassés, et que tu me supplies de te redescendre. Je ne te soulève pas beaucoup, mais j'ai l'impression d'être très fort et toi une plume toute légère. Et tu me dis que tu aimes aussi quand je te soulève. Alors je t'embrasse encore, parce que c'est ça que je préfère. Surtout quand on reste longtemps serrés.

J'ai l'impression qu'on pourrait rester des heures à s'embrasser. Mais après il faut retrouver le souffle.

Je me souviens mardi dernier, après la sortie des classes, quand on est passés chez nous, dans la petite maison au fond du jardin, on s'est embrassés si fort et si longtemps que tu m'as repoussé d'un coup en reprenant ta respiration. Tu m'as dit que tu n'en pouvais plus et que tu allais t'étouffer. On a ri, on a ri, on ne pouvait plus s'arrêter. Je crois que c'est ça pour nous être amoureux : on se regarde, on rit, on rit et on n'arrête pas. Comme la première fois.

J'aime aussi beaucoup quand tu me caresses. Ce que je préfère, c'est quand ta main, toute douce, se pose sur ma joue, dans le cou et que tu me regardes avec tes beaux yeux qui disent que tu m'aimes. Parfois, ça me fait très chaud à la poitrine et aux joues. Ça me donne beaucoup d'émotion, parce que je suis amoureux. Et puis quand on s'embrasse, j'aime tes deux petites mains qui me serrent tout fort dans mon dos, comme si tu ne voulais pas me laisser partir. D'ailleurs, j'essaie de te faire croire que je m'en vais et tu me serres plus fort pour m'empêcher. Alors j'essaie un peu plus, mais tu ne me lâches pas. Tu n'as pas envie que je parte : parce que tu es amoureuse.

J'aimerais te caresser plus près. Aujourd'hui, j'ai mis ma main sous ton pull et elle glissait doucement sur ta peau. Ça me faisait des frissons. Mais tu m'as dit que tu n'étais pas encore très habituée. C'est pour ça que j'aime mieux caresser ton sweat c'est moins près, mais c'est très doux. Et moi, j'aime la douceur. J'aime bien aussi quand tu mets un tee-shirt, parce que tu es si jolie et que ça montre un peu ta poitrine qui est toute ronde et très douce, elle aussi. Je crois que j'aime tout ce qui est doux. Et toi, Chloé, tu es très douce.

Vendredi 9 avril

C'était bien, mercredi, nous deux dans la cabane, mais j'avais un peu peur. Je crois qu'on ne s'est jamais embrassés aussi longtemps. Et puis on s'est caressés. Et c'était agréable. Même que j'avais mis mon sweat bleu, celui qui a la même couleur que mes yeux et que tu aimes bien. C'est surtout quand tu as passé ta main dessous que j'ai eu peur, parce que ta main glissait tellement doucement que ça me faisait plaisir et peur à la fois. Et je ne savais plus, mais j'aimais. Après, ça ne me faisait plus peur du tout. Et quand ta main m'a touché la poitrine, là c'était drôle, ça m'a fait rire. Je ne pouvais pas m'arrêter de rire parce que ça me faisait une sensation toute drôle. J'aimerais que tu recommences.

Au début, je ne bougeais pas, comme si je ne pouvais pas. Peut-être qu'on ne peut pas sentir les choses et les faire en même temps. Et puis après, quand je n'ai plus eu peur, j'avais envie de faire pareil, de mettre ma main sous ton tee-shirt. Je crois que j'ai rougi quand je l'ai fait, mais tu n'as pas pu le voir puisqu'on n'avait pas allumé la lumière, pour faire croire qu'on n'était pas là. Elle est douce ta peau, toi aussi. Et puis j'aime bien te serrer et te pincer un peu. Tu m'as dit : « Arrête ! Tu me chatouilles ! » Oui, c'était pour te faire réagir. Et j'y suis bien arrivée !

Après on s'est encore embrassés. J'essaie de me souvenir de tout, parce que je me sens plus grande. Et puis le cahier, il sert à ça, à nous souvenir et à bien savoir ce qu'on pense tous les deux. C'est quand tu as mis ta main sur mon ventre que j'ai rougi une nouvelle fois, mais je n'ai pas eu peur et même que j'aimais bien, parce que c'était tout doux. C'est à ce moment-là que je me suis sentie plus grande.

Mais à moi, ça m'a fait drôle de faire pareil, parce que je n'avais jamais touché comme ça un garçon, et même si je savais, ça m'a fait drôle parce que tu étais tout dur et tout chaud. J'ai bien vu que ça t'a fait quelque chose puisque tu as arrêté de me caresser à ce moment-là. Alors on n'a plus bougé et on s'est encore embrassés.

Mercredi 21 avril

Hier soir, quand je suis descendu boire un verre d'eau, j'ai vu Nico qui regardait un film à la télé. C'était un film porno ! Les parents étaient sortis. Nico m'a dit qu'il en avait marre de bosser ! Il a allumé le câble, parce qu'il y a beaucoup plus de chaînes et un peu de tout. Paraît qu'il y a même des chaînes qui ne font que ça, que du sexe. Il m'a aussi dit que c'était plutôt la nuit. Il m'a dit de ne rien dire aux parents et il a éteint mais j'ai quand même eu le temps de voir un bout du film.

C'était l'histoire d'un type qui engageait des comédiennes mais au lieu de les photographier, il les déshabillait et il se déshabillait aussi, et le photographe aussi. Après ils faisaient l'amour. Je n'avais jamais vu « faire l'amour », mais Nico me disait que ce n'était pas ça « faire l'amour ».

Je l'écris surtout pour Chloé pour qu'elle sache ce que j'ai vu et ce que m'a dit Nico, parce qu'il a raison Nico : c'est pas ça, « faire l'amour ». Ils étaient plusieurs tout nus et le film montrait surtout le sexe. Et je ne trouvais pas ça très beau. Nico m'a dit surtout de ne pas croire que c'était ça l'amour, parce que là tout était faux, et que ça ne se passait pas comme ça dans la réalité. Je ne vois pas à quoi ça sert ces films si ce n'est pas comme ça l'amour. Et puis surtout, l'histoire était vraiment nulle.

Alors on a vu un autre film sur une chaîne « normale » où ils étaient juste un peu déshabillés mais il n'y avait qu'un garçon et une seule fille, ils s'embrassaient et se caressaient, comme nous avec Chloé, sauf qu'ils étaient nus. Et Nico m'a dit que c'était ça « faire l'amour ».

Jeudi 22 avril

Avec Charlotte, on préfère les films d'amour. Juliette appelle ça des films romantiques. Dans ces films, les héros s'aiment, ils se serrent dans les bras, ils sont amoureux. Le porno, il y a toujours un garçon au collège qui veut faire le malin, qui nous dit qu'il connaît et que c'est super. Il croit qu'il va nous impressionner, mais nous, on sait que ça ne se fait pas comme ça en vrai, l'amour ! D'abord, l'amour, ça se fait à deux et dans les pornos, ils sont plusieurs.

Il y en a aussi qui cherchent des images porno sur Internet. Toujours des garçons : on a l'impression que les filles, ça ne les intéresse pas. Je crois que les filles préfèrent l'amour. Et pas le sexe !

C'est Juliette qui en parle comme ça, elle dit : « Le sexe pour le sexe, ça ne vaut rien ! Il faut qu'il y ait de l'amour. » En tout cas j'ai compris que faire l'amour c'est bien quand on est amoureux. À ce moment-là, on peut tout faire, être tout nus, mais simplement à deux, si on est amoureux.

J'ai fait un rêve avec Arthur, on était nus et on se faisait des câlins. Comme si le rêve disait ce qui allait se passer, parce qu'on fera l'amour un jour, quand on aura l'âge et qu'on sera prêts. Le rêve dit sûrement la vérité, parce que depuis, j'y ai pensé plusieurs fois. C'est comme si je ne pouvais pas m'empêcher d'y penser. C'est peut-être parce que je suis amoureuse.

Mais ma Juliette elle ne va pas bien, parce qu'Antoine est revenu et qu'elle ne sait plus si elle veut toujours sortir avec lui. Quand il est parti, elle a été très malheureuse. Elle pleurait tout le temps et elle en voulait à tout le monde. Et puis elle a commencé à l'oublier dans sa tête et c'est juste maintenant qu'il revient. Je crois que quand on vit un grand amour, on ne peut pas oublier.

Moi, Arthur, je ne l'oublierai jamais !

Mercredi 5 mai

Je n'y comprends rien. Antoine est revenu, mais Juliette est très mal. Elle devrait être contente. Il y en a qui disent que les filles devraient savoir un peu plus ce qu'elles veulent ! Mais je crois que c'est plus compliqué et que je ne comprends pas tout.

Avec Max et Adrien, on a fumé une cigarette hier soir. Il y a longtemps que j'en avais envie, mais Nico m'a dit que c'était pas terrible et que lui, il avait arrêté. C'est vrai qu'à la maison, personne ne fume. Papa, je crois, quand il était jeune, mais maman dit que c'est dangereux pour la santé. D'ailleurs, maintenant, c'est écrit en gros sur les paquets. Mais alors pourquoi on les vend ?

C'est Adrien qui avait le paquet, il l'a piqué à son frère. Et je vois qu'il a l'habitude puisqu'il savait l'allumer. Il a tiré une taffe et il nous l'a passée. On a fumé la même cigarette. Elle était un peu mouillée parce que Max avait tiré trop fort et après il n'arrêtait pas de tousser. Je n'ai pas trouvé ça terrible la cigarette. Avec Max, on se demande si on va commencer, parce que après il faudra décider d'arrêter.

C'est difficile à comprendre : partout on nous dit qu'il faut arrêter mais nous, on n'a même pas commencé et on ne sait pas ce que c'est. Il ne faut pas qu'ils fassent ça pour l'amour, qu'ils l'interdisent, parce que ça non plus on ne l'a pas encore fait.

Pour la cigarette, j'en connais deux qui fument : Sébastien, pour la frime et tout le monde le sait. Julien, ce n'est pas pareil, il est discret, il n'y a que nous qui savons et il dit qu'il aime ça. Max, lui, dit que ça le fait tousser.

Julien, je l'aime bien mais ce qui m'embête c'est qu'il y en a qui disent qu'il est homo. Je ne sais pas s'il l'est, mais si c'est vrai ça m'est égal. Chacun doit faire ce qu'il veut. Pourquoi y a-t-il des garçons aussi méchants ? Quand il passe dans la cour, ils le traitent de pédé, de tapette. Moi je leur ai dit qu'ils feraient mieux de s'occuper d'eux-mêmes. Je sais que Julien en a marre, mais il n'ose pas leur *répondre. Heureusement, le surveillant les a entendus et ils se sont fait mettre une colle. Depuis, ils en veulent à Julien. Je leur ai dit qu'ils n'avaient pas intérêt à recommencer. Ils sont stupides. Ils ne comprennent rien.*

Les homos, ils se sentent mieux avec quelqu'un de leur sexe. Avant on trouvait ça mal, aujourd'hui on sait que chacun vit les choses comme il les sent. Et puis Nico m'a dit qu'à notre âge, on ne savait pas encore bien nos attirances et que ça ne voulait rien dire. En tout cas, je le leur dis à tous, c'est pas quelque chose de mal d'être homo.

Jeudi 6 mai

Ma sœur a un copain homo, elle m'a dit que c'était le plus sympa de tous. Et puis il la comprend bien, elle aime parler avec lui, c'est son confident. J'espère qu'il pourra l'aider pour Antoine, parce qu'elle ne va pas bien.

Nous, les filles, on est quand même moins graves que les garçons. J'en ai rarement vu une traiter un garçon de pédé. Je crois que c'est un truc entre eux. Mais quand même, ce n'est pas bien de dire autant d'injures et de méchancetés. Je le connais Julien et je l'aime bien. On discute souvent ensemble. Je trouve qu'il comprend bien les choses et qu'on peut lui faire confiance. Et alors, s'il est homosexuel, qu'est-ce que ça peut faire ! Pour moi, c'est un supercopain.

Je fais la différence entre les copains et les amis. Julien, je le connais un peu mais ce n'est pas un ami comme Clément : je suis avec lui depuis le CP. Au début, je disais qu'il était comme un frère parce que c'est le fils de la meilleure amie de maman. Maintenant, ce n'est plus mon meilleur ami parce qu'on ne se voit pas beaucoup depuis qu'il a changé de collège.

Aujourd'hui, mon amoureux, c'est toi, Arthur ! Juliette m'a dit qu'il fallait toujours savoir ce que l'on faisait avec un homme, savoir si on était amis, copains, si on était amoureux. Et toi, tu es mon homme d'amour, celui avec qui je ferai l'amour un jour. Mais pour ça, on n'a pas l'âge. Je crois qu'elle a raison, ce n'est pas toujours pareil entre deux personnes. Je le vois bien entre papa et maman, quelquefois ils ne se parlent pas de la même façon. Un jour maman était très en colère, elle lui a même dit qu'elle ne l'aimait plus. Mais ça ne devait pas être vrai puisque après je les ai vus s'embrasser.

Les parents de Julie, c'est pareil, on dirait qu'ils s'aiment sauf que Julie m'a dit qu'ils allaient se quitter. Même si sa mère est une chipie, ça fait quand même quelque chose. Avant ils étaient très amoureux, maintenant c'est même plus des amis. C'est pour ça qu'il faut souvent se demander si on aime vraiment la personne, si on est toujours amoureux ou alors si on ne l'est plus et si l'on est encore amis ou presque comme des copains. Si c'est comme ça, je ne vois pas pourquoi ils restent ensemble.

Avec Arthur, on se dit souvent qu'on veut comprendre les choses avant de les faire parce qu'il y a trop d'adultes qui « galèrent », comme dit papa. Je crois que c'est parce qu'ils n'y ont pas pensé avant.

Vendredi 7 mai

J'ai des copains, mais un seul ami : Max. Max, il est populaire, tout le monde l'aime parce qu'il connaît des quantités de trucs et qu'il est toujours drôle. Et puis, il a des tonnes de copains. Mais lui aussi il n'a qu'un ami. Quand je lui demande quelque chose, il est toujours d'accord. C'est parce qu'on aime les mêmes choses, le foot et même les filles.

Souvent, on rigole en regardant une fille qui nous plaît. En général, c'est plutôt les mêmes qui nous plaisent à tous les deux. Je sais que Chloé va lire ce que j'écris, mais ça ne l'embêtera pas, parce que je suis amoureux d'elle.

Alors, avec Max, on parle parfois des filles, sauf que je ne lui dis pas tout pour toi et moi. D'ailleurs, il m'a dit que quand il aurait une petite copine, il ne me dirait pas tout non plus. C'est normal. Il me dit surtout ce qu'il sait sur l'amour, des trucs techniques, parce que pour les garçons c'est important. Je sais qu'il y a plein de façons de faire l'amour, assis, debout, couchés, même que ça peut être à n'importe quel moment. Dans un film américain, on voyait un garçon et une fille qui faisaient l'amour dans une voiture. Ça ne doit pas être facile, parce qu'ils devaient se cacher des autres qui étaient à côté.

Mercredi, avec Nico, on a regardé un livre dans la bibliothèque de mon père. Paraît que c'est le livre le plus connu, ça s'appelle le Kama Soutra, ça a été écrit par un Indou il y a très longtemps. Ça parlait de toutes les façons de faire l'amour et il y avait des images qui montraient des exercices de gym qu'on fait d'habitude tout seul, sauf que c'était avec une fille ! Et tous les exercices avaient des noms très drôles. Il y avait « le palmier », où l'on devait se mettre à l'envers, « la brouette chinoise » qui ne ressemblait pas beaucoup à une brouette, sauf qu'il la tenait avec les jambes comme une brouette, « le parapluie japonais » où on ne savait plus à qui étaient les bras et les jambes. Avec Max, on a bien ri, mais après je me suis demandé comment ils faisaient, papa et maman. J'ai essayé de les imaginer dans le parapluie japonais, mais ça m'a gêné alors je n'y ai plus pensé.

Et puis j'ai essayé de penser comment ce serait quand on fera l'amour, sauf que ça me semble difficile et qu'il faudra s'entraîner avant. Mais comment ?

Mon père a écrit un nouveau livre qui parle d'amour mais pas comme le Kama Soutra, et il y a même eu une journaliste qui est venue le voir pour en parler. Maman était un peu jalouse, parce qu'elle était très belle, la journaliste, et qu'elle est restée longtemps avec papa. Papa lui a dit qu'elle se faisait des idées. Moi, je crois que maman était jalouse à cause du titre, L'Amour au féminin, et qu'elle imaginait des choses parce qu'il parlait de l'amour avec une femme. Nous, c'est bien pareil, je te parle d'amour, Chloé, et tu es une femme. Mais moi, je n'écris pas des livres !

Jeudi 27 mai

Ça fait longtemps que nous n'avons pas écrit notre journal. Il fait beau et on préfère se promener. C'est le temps des amoureux.

Elle va toujours mal, ma Juliette. J'ai demandé à Arthur de m'apporter un livre de son père, *L'Amour au féminin*, parce que je me dis qu'il y a peut-être des choses pour elle dedans, pour comprendre ce qui se passe avec Antoine.

Charlotte me dit que le désir et l'amour, ce n'est pas pareil. Je crois que le désir, ce sont des émotions et l'amour des sentiments. Je sais, avec Arthur, qu'on s'aime, on a des sentiments. Les émotions, en fait, je ne sais pas exactement ce que c'est. On en a eu beaucoup le jour du fou rire, quand on ne pouvait plus s'arrêter. J'avais chaud par endroits, je me sentais les joues brûlantes et en même temps j'avais l'impression d'être excitée et que ça ne s'arrêtait jamais. Ça me l'a fait d'autres fois, quand on s'embrasse et qu'on se serre très fort. C'est comme si ça revenait tout seul, chaud avec de l'énervement. À ce moment-là, j'ai envie de me serrer tout près de toi, de te toucher partout et de t'embrasser. C'est peut-être ça le désir.

Et puis ce n'est pas toujours pareil, il y a des moments où j'ai envie de donner beaucoup de tendresse, de me blottir contre toi, de t'écouter ou de te parler doucement. C'est comme un désir différent. Un désir de tendresse et un désir d'émotion. Maman dit toujours que je suis sa grande fille émotive. D'abord, la grande, c'est Juliette, et puis, elle ne sait pas pour toi. Alors, je ne vois pas pourquoi elle dit ça.

Le désir, je crois que c'est aussi l'envie de faire plaisir. C'est pour ça que je me suis fait couper les cheveux hier. Et Marlène, ma coiffeuse, m'a fait un dégradé. Je savais que tu aimerais, Arthur, c'est pour toi que je l'ai fait. Je sais que tu liras notre livre, c'est pour ça que je l'écris. Moi aussi j'aime bien quand tu t'habilles en sport et, comme je te l'ai dit, tu le fais souvent. Alors ça me fait plaisir et c'est comme si on s'aimait plus.

C'est curieux, de se faire plaisir, ça donne des émotions presque comme quand on se caresse. Je crois que c'est ça qui nous donnera envie de faire l'amour quand on aura l'âge, la tendresse et l'émotion. Avec Arthur, on a déjà la tendresse et on a souvent des émotions, mais on doit apprendre à se connaître, c'est pour ça que j'aime quand il me dit ses émotions et moi je les lui dis aussi.

Vendredi 28 mai

C'est bien de lire ce que pense une fille, ça me permet de comprendre des choses qui sont très différentes pour un garçon. Et encore, je ne suis pas tous les garçons et je ne sais pas ce qu'ils ressentent tous. J'espère que c'est pareil pour les autres, mais je ne sais pas.

Nico me dit que le désir c'est quand on bande. Je me demande quand même si le désir c'est ça, parce que chaque fois qu'on est ensemble, avec Chloé, je ne bande pas toujours et pourtant je suis amoureux. Il doit y avoir plusieurs désirs, comme elle dit, le désir d'émotion et le désir de tendresse.

Je crois qu'il y a aussi le désir d'amour. C'est quand je lui dis que je l'aime très fort et que j'ai envie de la soulever très haut et de l'embrasser et de courir à toute vitesse et de faire n'importe quoi. Là, c'est comme si je ne pensais plus à rien, qu'à Chloé. Le désir d'amour c'est très fort et c'est quand on est amoureux. Parce que bander, c'est pas pareil. Ça m'arrive même quand je ne suis pas avec Chloé, et même quand je ne pense pas à elle. Donc c'est pas la même chose. Une érection, c'est plutôt quand il y a quelque chose de sexuel et que ça me plaît.

J'ai amené le livre de mon père à Chloé et j'ai vu que ça lui faisait plaisir.

Jeudi 3 juin

C'est bien, maintenant il fait beau tous les jours et puis il fait chaud, alors on s'habille autrement.

J'aime Arthur quand il met un short et ses tennis. Il est musclé, j'aime ses jambes et la forme de ses épaules quand il me tient contre lui.

C'est curieux notre livre, ça fait un drôle d'effet d'écrire ce qu'on pense au moment où on le pense et en même temps de savoir que tu peux le lire et que je ne te dis pas « tu ». Mais c'est bien, parce que ça permet de dire des choses qu'on ne peut pas dire à quelqu'un en parlant de lui. Ça permet aussi de te dire ce que je ressens sans que je te le dise directement à toi. C'est comme une pudeur qui ne nous gêne pas. Comme ça, je dis des choses et je ne te les dis pas.

Hier, quand on s'est retrouvés dans notre cabane, je sentais que je tremblais, mais je ne te l'ai pas dit. On s'est beaucoup caressés et je crois que j'avais comme une envie. C'était peut-être l'envie de « faire l'amour », mais c'est difficile à dire puisqu'on ne l'a jamais fait. De toute façon, on n'y est pas encore prêts et je ne prends pas la pilule.

Ça aussi, la pilule, je me demande comment ça fait de la prendre tous les jours. C'est comme un médicament, mais on n'est pas malade. Ou alors c'est que l'amour est une maladie ! C'est Juliette qui m'a dit ça.

Avec ce tremblement d'envie, c'était encore meilleur que les autres fois. C'était bon de se toucher, comme ça. Ça va parce que la cabane est tout au fond du jardin, qu'on entend quand quelqu'un vient. Et en plus on a notre coin, derrière la salle de jeux. C'est comme un endroit secret qu'on s'est arrangé et que maman ne connaît pas. D'ailleurs une fois, elle est venue, elle a regardé et elle n'a vu personne. Nous, on se serrait, on ne bougeait pas. Elle a appelé : « Chloé ! » Et puis elle est partie. Alors on a rigolé, parce qu'elle ne nous avait pas vus.

Il faut être tranquille pour être amoureux, que personne ne nous voie, sinon ce n'est pas possible ! Et puis ça fait peur. Alors, quand tu m'as serrée dans tes bras, je tremblais à l'intérieur, mais pas comme quand on a froid, ni quand on a peur, c'était un autre tremblement, comme si j'avais envie de continuer à trembler. C'était peut-être un « tremblement d'amour » parce que c'était avec toi, Arthur, et que je suis amoureuse.

C'était bon de se toucher partout et le tremblement continuait, comme si j'avais peur ou j'avais honte, mais en même temps je n'avais pas peur et je n'avais pas honte. Ça me faisait plaisir.

Quand il a mis sa main sur mon sexe, ça aussi ça faisait tout drôle, mais comme il l'a laissée sans bouger, c'était bien et ça ne me faisait plus peur.

Moi aussi j'ai mis ma main sur son sexe mais, comme l'autre jour, il bandait. Plus fort encore cette fois. On est restés longtemps, serrés l'un contre l'autre, même que ça faisait très chaud à certains endroits du corps. On est restés très longtemps et puis on s'est embrassés et on est partis sans beaucoup se parler parce qu'on avait envie de garder les sentiments. Je crois que quand on parle on ne ressent pas les choses pareil, et moi j'ai envie de ressentir, parce que je suis amoureuse.

J'ai lu un peu le livre de ton père avant de le donner à Juliette et j'ai bien aimé, mais je n'ai pas tout compris. Il dit surtout que les filles ont plus de mémoire que les garçons mais que ce n'est pas la même mémoire. C'est peut-être pour ça que Juliette ne peut pas oublier ce qui s'est passé avec Antoine, leur dispute, et aussi qu'elle croit qu'il a rencontré une autre fille, même si lui, il lui dit que non. Pourtant Antoine il est supergentil avec elle, mais elle pleure toujours.

Mardi 8 juin

J'aime Chloé, elle est comme ma femme. Je sais qu'on est trop jeunes pour parler comme ça, mais c'est exactement comme si c'était ma femme, je l'aime d'amour et on a un désir d'émotion.

Quand j'ai lu ton tremblement, Chloé, ça m'a plu. Ça m'a surtout fait plaisir de savoir ce que tu ressentais et que tu me le dises. Moi, je n'avais pas de tremblement mais c'était très fort, je pensais à toi. C'est curieux de penser à quelqu'un avec qui on est. D'habitude on y pense quand on est parti. Mais là, c'était comme si je pensais à toi qui n'étais pas là en même temps que je te serrais fort dans mes bras. Je crois que c'est parce qu'on ne parlait pas qu'on ressentait tout ça. Et on ne parlait pas à cause de l'émotion. Je ne t'avais jamais serrée aussi fort et aussi longtemps.

C'est vrai que je ne pouvais pas parler et qu'on ne disait rien avec la bouche. Sauf aussi que nos mains parlaient, comme les sourds. Mais j'avais plutôt l'impression d'être comme les aveugles, parce que je fermais les yeux et que je parlais avec mes doigts sur ton corps. Je le caressais, je le tenais et même je n'avais presque pas envie de bouger. Comme si je voulais que le moment ne s'arrête pas, que ça dure très longtemps.

Et puis j'ai eu comme des larmes, mais tu ne les as pas vues. Je ne sais pas pourquoi j'avais envie de pleurer, alors que ça ne m'arrive jamais. Je l'ai fait doucement, sans que tu le saches, parce que tu n'aurais pas compris. Tu aurais cru que j'étais triste. Après, j'ai été mieux, c'était comme s'il fallait que quelque chose sorte de moi, et c'étaient des larmes d'émotion.

Il n'y avait pas beaucoup de larmes, mais elles étaient pleines d'émotion. C'est pas simple les choses qu'on n'a jamais faites et qui donnent de l'émotion. Je n'osais pas te toucher, je te caressais comme les autres fois, mais ce n'était pas pareil.

Quand j'ai mis ma main sur ton sexe, je ne savais pas trop, j'avais peur de te gêner ou de te faire mal, mais ça avait l'air de te plaire. Alors je suis resté et je n'ai pas bougé. J'y ai pensé toute la nuit après. Je ne pouvais pas m'endormir. D'ailleurs le matin, c'est maman qui m'a demandé : « Ça ne va pas, Arthur ? Tu n'as pas bien dormi ? Tu as l'air tout chaviré. » Alors j'ai bu un grand verre de lait parce que j'avais peur que ça se voie et je lui ai dit : « Non, non ! ça va bien. »

Jeudi 17 juin

Maman est contente, alors ça va mieux à la maison. Juliette va mieux aussi. Je crois que c'est pour ça. Elle est allée voir le père d'Arthur et elle va mieux. Les « psys » ça s'occupe bien de l'amour, puisque depuis, elle est redevenue amoureuse d'Antoine. Alors maman n'arrête pas de parler du père d'Arthur, je crois même qu'elle a acheté son livre. C'est bête, Juliette l'avait déjà. Enfin c'est bien pour nous quand les adultes changent d'avis !

Mais je suis malheureuse aujourd'hui parce que je sais qu'on ne pourra pas se voir pendant les vacances : je pensais qu'on resterait un mois ici, comme l'an dernier et qu'on aurait pu se voir, avec Arthur, dans notre secret. Mais je pars à l'étranger, pour parler anglais. Il paraît que c'est bien pour moi, pour plus tard. J'ai un peu pleuré, mais je ne leur ai pas montré, parce que je ne veux pas qu'ils sachent. Heureusement Arthur m'a consolée, c'était génial. J'étais toute serrée contre lui, mes joues étaient chaudes et il essuyait les larmes qui coulaient. C'est curieux quand on est amoureux, parce que tout est agréable, quand on rit et quand on pleure. Même la tristesse est agréable ! Je ne sais pas comment dire, mais c'est bon.

Hier, on a été se promener au parc, après la classe, et Arthur m'a offert une marguerite. Alors on s'est assis sur l'herbe, l'un contre l'autre, et il a enlevé les pétales l'une après l'autre en disant qu'il m'aimait un peu, beaucoup, passionnément... à la folie ! Il n'en restait plus que deux quand il a dit passionnément. Alors il a fini sur « un peu » ! Et on a ri, parce qu'en fait, il m'aime trop Arthur !

Et puis, il m'a offert une autre bague, tout en argent, on dirait un serpent qui s'enroule autour de mon doigt. Je la porte à l'école et toutes les copines sont envieuses. J'en suis fière. Juliette à qui je l'ai montrée l'a trouvée super. Je ne sais pas où il trouve ses bagues, Arthur, mais c'est génial.

Moi, je lui ai acheté un sweat, avec mes économies, et j'aime bien parce qu'il le met en classe. Charlotte l'a trouvé si beau qu'elle a acheté le même à Tom, son frère, pour son anniversaire. C'est une copieuse. Mais ça ne fait rien parce que c'est son frère et que je l'aime bien.

Ça va quand même être dur de ne pas se voir pendant presque deux mois de vacances. Déjà à Noël, j'ai eu du mal, mais là c'est trop long. Il faudra qu'on s'écrive ou qu'on se téléphone, et surtout qu'on imagine. Je n'ai pas envie qu'Arthur soit avec d'autres filles, parce qu'il est beau et qu'il est doux, Arthur. C'est mon Arthur.

Mercredi 23 juin

Wooaw ! C'est génial, on a été qualifiés avec l'équipe de foot, grâce à Sébastien qui a marqué deux fois. Comme je suis ailier, je lui ai fait une passe et il a marqué. C'était trop ! Comme ça, l'an prochain on fera le championnat de ligue, mais il faudra beaucoup s'entraîner, c'est le coach qui l'a dit. Ça va parce que j'aime ça le foot, mais il y en a qui ne pourront pas suivre.

En tout cas, cet été je vais faire un stage avec l'équipe, c'est super ! On ne se verra pas, avec Chloé, puisqu'elle sera en Angleterre et moi en stage, mais ça ne fait rien, on se téléphonera et on pourra être ensemble à la fin des vacances, avant la rentrée. Peut-être qu'on sera plus amoureux encore. C'est comme à Noël : ne pas se voir, je crois que ça augmente l'amour. Là, tout le monde ne dit pas la même chose. Chloé m'a dit que Juliette pense que oui et moi j'ai demandé à Nico, il dit que non. Peut-être que c'est plus dur pour les filles. Ou alors les garçons font semblant ! De toute façon, on se reverra à la fin des vacances.

Je repense au jour du tremblement d'amour, c'était trop bon de se serrer si fort et de ressentir du plaisir. C'était beaucoup de plaisir de se serrer et puis quand on s'embrassait, c'était un autre plaisir. Je me demande comment ça sera le plaisir de faire l'amour. Peut-être que c'est comme quand on bande et qu'on se masturbe après, ça fait comme une respiration très forte, très agréable, et tout le corps qui se relâche.

Le plaisir, je crois que c'est ça, mais avec la fille qu'on aime. Moi j'aime Chloé, alors ce sera avec elle que je ferai l'amour. Je le lui ai déjà dit et elle a rougi en me regardant très fort. Elle ne parlait plus. Et j'aime beaucoup quand elle ne peut plus parler.

Jeudi 24 juin

Ça va de mieux en mieux à la maison. Je crois que c'est depuis que maman a lu le livre de ton père, *L'Amour au féminin*. Elle a même dit qu'on irait une semaine chez mes cousins, à La Rochelle. Comme c'est près de l'île de Ré, je lui ai demandé si on pourrait y aller et elle m'a dit oui ! C'est génial !

J'aime Arthur quand il me dit des mots d'amour, comme hier quand il m'a dit que ce serait avec moi qu'il ferait l'amour. Je l'ai regardé sans rien dire. Ça m'a fait très plaisir. Pour moi, le plaisir, c'est tout ce qu'on aime et qui procure de l'émotion. Et puis il y a le plaisir d'être avec Arthur et le plaisir de lui parler et le plaisir de se promener. Je crois qu'il y a beaucoup de sortes de plaisirs, mais c'est toujours quand on fait quelque chose ensemble.

Quand on se serre et qu'on se touche c'est aussi du plaisir, mais c'est la plaisir des caresses. Je pense que quand on fait l'amour, ça doit être encore une autre forme de plaisir sexuel. Il y a des filles qui disent : c'est l'orgasme ! Ça je ne sais pas. Juliette m'a dit que l'orgasme c'est un plaisir très fort qui se passe dans la tête et dans tout le corps. D'ailleurs elle m'a dit que c'est de l'orgasme quand je me fais plaisir toute seule et que c'est très fort. Sauf que ça doit être encore plus fort quand on est deux. C'est bizarre, ce mot « orgasme », je ne l'avais jamais entendu, personne n'en parle. C'est Juliette qui me l'a appris. Quand j'en ai parlé à Arthur, il ne le connaissait pas. C'est peut-être un mot de filles.

Moi je préfère dire que j'ai beaucoup de plaisirs qui sont tous différents : le plaisir d'être avec Arthur, de me promener avec lui, de lui parler, de le toucher, de l'embrasser. Et plus tard, quand on fera l'amour, le plaisir d'amour.

C'est bien d'être amoureux, ça m'encourage, ça me donne envie de mieux travailler en classe et Arthur aussi. D'ailleurs on passe tous les deux en troisième : Arthur a eu de très bons résultats en maths. Moi, c'est en français et en histoire. L'anglais, c'est moins facile, c'est pour ça que je vais en Angleterre et que je ne verrai pas Arthur pendant un mois. Mais ça ne fait rien parce qu'on va s'écrire et que ce sera un peu comme le journal, mais sur des feuilles. Après, on les collera dans le cahier.

Vendredi 25 juin

Quand on fera l'amour, je serai très doux, parce que c'est tout ce qu'elle aime Chloé, que je sois doux.

Il y en a qui disent que ça fait mal la première fois. Mais nous, on sait que ce n'est pas vrai, Nico me l'a dit et Juliette aussi l'a dit à Chloé. Alors ! ça ne fait pas mal quand on est très doux et qu'on est amoureux. Ils l'ont dit tous les deux. Je sais aussi que c'est les caresses qui sont le plus important, qu'on soit tranquille et longtemps ensemble. Nous, je sais que ce sera dans notre endroit secret et qu'on sera sûrs d'être seuls tous les deux. Il y a des dimanches où Chloé reste avec Juliette et moi souvent avec Nico. Comme ça, on sera tranquilles. Elle mettra son parfum à la vanille que j'aime beaucoup et moi celui qu'elle m'a offert pour mon anniversaire. Il est fort, mais surtout elle m'a dit qu'il faisait homme. Ce jour-là, je serai doux et tendre encore plus que d'habitude et quand elle le voudra.

Peut-être que ce sera l'année prochaine, peut-être l'année d'après.

Ça va être long de ne pas se voir, Chloé. Alors j'emmène le flacon de ton parfum à la vanille pour penser à toi et me donner l'impression que tu es là. Mais j'espère qu'on se verra à l'île de Ré. Je t'attends.

Ton amoureux.

Arthur

Mardi 29 juin

Quand on fera l'amour pour la première fois, ce sera un jour qu'on aura choisi. Il fera beau et on restera très longtemps ensemble. Pas tout de suite parce que je crois qu'on n'est pas encore prêts. Et puis Juliette m'a dit que je devais bien me connaître avant et bien connaître mon amoureux. Arthur, je le connais bien, mais on peut encore être mieux ensemble avant de faire l'amour. J'ai appris à me connaître en ressentant tout ce qui me fait plaisir et, petit à petit, je n'ai plus honte et je n'ai plus peur des sensations et des tremblements qui me viennent. Après, il y a les peurs qu'on imagine et heureusement que je peux en parler avec Charlotte.

Et puis Juliette m'a dit que ça ne faisait pas mal de faire l'amour. Au contraire, c'est doux et très agréable quand on est amoureux. La première fois, on s'imagine des choses, que ça va forcer ou se déchirer puisqu'on est vierge. Mais Juliette m'a bien dit que ça se passait très bien si on est tranquilles et amoureux, si on s'est embrassés très longtemps et beaucoup caressés. C'est moi qui déciderai quand je voudrai. Ce n'est pas la peine de se dépêcher. On fera l'amour tout doucement.

Je sais aussi que je n'aurai pas forcément du plaisir, ce qu'elle appelle l'« orgasme », la première fois. Ça n'a pas d'importance. Ce qui est bien c'est tout le plaisir qu'on aura d'être ensemble. Et on restera longtemps à s'embrasser et à se caresser.

Ce jour-là, ce sera « notre jour d'amour ». Je l'écrirai dans mon agenda, le petit, celui qui est dans mon sac, et je m'en souviendrai toujours.

Pour moi non plus, ce n'est pas drôle de partir, surtout en Angleterre. Ils auraient dû m'envoyer en France, mais ce n'est pas en français que j'ai des problèmes ! En tout cas on se verra à l'île de Ré et je veux que tu m'écrives. Moi je commencerai demain. Notre livre des secrets de l'amour ne s'arrête pas, il s'écrit maintenant avec nos lettres.

Ton amoureuse qui t'aime beaucoup.

Chloé

Mercredi 30 juin

Mon Arthur,
J'ai pris l'avion ce matin, et je suis dans un collège à Brighton. Des petites chambres toutes froides. L'ambiance n'est pas terrible parce que tu n'es pas là ! Enfin, je vais essayer d'apprendre mon anglais. Et toi que fais-tu ? Écris-moi.
Ta Chloé qui t'aime

– Pardon pour la carte désespérément banale : c'est le village à côté du collège.

Arthur
faire suivre
Villa des Pins
sur l'Île de Ré

Le 15 juillet

Ma Chloé,

Je n'ai reçu ta carte qu'hier, peut-être à cause de la poste et du courrier qui doit suivre. On est arrivés à l'île de Ré. La plage et le bateau, ça me plaît bien. J'ai retrouvé Sébastien, mon copain dont je t'avais parlé, on va organiser un match ici avec d'autres potes à lui.

Tu me manques. J'attends que tu viennes. On ira à la plage et même en bateau.

Je t'embrasse fort, Arthur.

LES DOUZE QUESTIONS

LES DOUZE QUESTIONS LE PLUS SOUVENT POSÉES PAR LES ADOLESCENTS

Le docteur Philippe Brenot y répond.

Le docteur Philippe Brenot est venu
dans la classe d'Arthur et Chloé à la rentrée.
Les questions étaient nombreuses.
Nous avons reproduit ici les questions
les plus fréquentes.

1 – « À quel âge peut-on faire l'amour ? »

Il n'y a pas *un âge pour faire l'amour*. Lorsqu'un garçon et une fille décident de faire l'amour pour la première fois, c'est qu'ils se sentent prêts à vivre leur sexualité avec le partenaire qu'ils ont choisi.

C'est donc le moment d'une certaine maturité, qui est d'abord celle des *idées*, on réfléchit différemment à 8 ans, à 12 ans, à 18 ans, on sait donc mieux ce que l'on veut vivre, mais le moment de cet accomplissement est très personnel.

Il existe aussi une maturité *physique* qui nous rend capable de faire l'amour parce que notre corps s'y est préparé. Lorsque nous sommes encore enfants, le corps et le sexe ne sont pas prêts pour une relation avec un partenaire. C'est le temps de l'*autoérotisme*, c'est-à-dire de l'apprentissage des sensations avec soi-même (que l'on appelle encore souvent *masturbation*, j'en parlerai un peu plus loin).

Cette maturité est enfin celle des relations qui se transforment tout au cours de la longue période qui va de l'enfance à l'adolescence et à l'âge adulte. Nous n'avons pas les mêmes rapports, ni avec les hommes ni avec les femmes, et cela change en permanence, jusqu'à être à égalité avec les adultes dans la perception du monde et dans les jugements que l'on porte.

La rencontre est encore une aventure qui nécessite de l'apprentissage puisque nous sommes progressivement plus à l'aise au fur et à mesure de nos expériences, ce qui permet d'accepter l'émotion de l'intimité avec un garçon, ou une fille, qui a fait le même parcours.

2 – « C'est quoi la masturbation ? On m'a dit qu'il ne fallait pas se toucher. »

Le mot *masturbation* n'est pas très joli, peut-être parce qu'il a été longtemps culpabilisé, mais c'est celui qu'utilisent les garçons pour « se donner du plaisir soi-même ». Lorsqu'un jeune garçon découvre la masturbation, parfois très jeune, c'est souvent parce que sa main rencontre naturellement son sexe en érection. Les tout petits garçons ont des érections, dès les premières années, souvent d'ailleurs sans qu'ils se caressent, comme un réflexe d'excitation. Ce sont des érections normales mais, à cet âge-là, sans éjaculation.

Très vite le petit garçon découvre les sensations de plaisir qu'il obtient en caressant son sexe, mais prend également conscience qu'il s'agit d'une activité personnelle et intime qui ne se fait pas en public. Il la réserve donc à son intimité.

À l'adolescence, en raison des hormones qui imprègnent leurs corps, les garçons vont avoir des érections plus fréquentes, automatiques le matin au réveil ou pendant la nuit, et qui donneront une éjaculation et du plaisir, par exemple lorsque le sexe est stimulé par la main. C'est une activité normale qui a longtemps été culpabilisée par la morale, mais qui n'a rien de négatif, ni de sale, ni de mauvais, ni de coupable. La masturbation ne donne aucune maladie !

Au contraire, on sait qu'elle est un élément de la construction sexuelle, c'est-à-dire qu'elle est une étape de la maturation de la sexualité adulte. Cette masturbation pourra se poursuivre toute la vie, de façon plus ou moins fréquente, même lorsque le garçon sera en couple.

3 – « Est-ce que les filles se masturbent, elles aussi ? »

Les filles utilisent rarement le terme *masturbation*, elles disent plutôt « caresse » ou parfois encore « caresse intime » et réservent souvent le terme *masturbation* pour parler de la sexualité masculine. La masturbation, c'est le fait de se « toucher » et d'apprivoiser les réactions sexuelles avec soi-même. Cela permet de le faire plus en confiance qu'avec un partenaire.

Pendant très longtemps, on a condamné la masturbation en racontant des idées fausses, on disait que c'était sale, que c'était mal, que c'était coupable et interdit ! C'est pour cela que beaucoup de femmes et de jeunes filles ne l'ont jamais pratiquée et n'en comprennent pas l'importance pour elles et pour le couple qu'elles forment avec l'homme qu'elles aiment.

La masturbation semble moins évidente pour les filles que pour les garçons dans la mesure où elles ne rencontrent pas un sexe en érection, mais une région intérieure qu'elles ne connaissent pas. Or, c'est cette connaissance qui fait souvent défaut aux femmes adultes qui ont du mal à vivre leur sexualité. La prise de conscience des réactions personnelles et l'apprentissage des sensations sexuelles avec soi-même sont une étape importante pour pouvoir ensuite les vivre avec un garçon.

S'il est un message important à transmettre à toutes les filles jeunes qui ont envie de vivre une vie sexuelle épanouie lorsqu'elles en auront l'âge, c'est d'apprendre d'abord à se connaître en se regardant, en se touchant, en apprivoisant les sensations intimes avec elles-mêmes. Rien de cela n'est mal ni interdit.

4 – « Suis-je normale si je n'ai pas encore embrassé un garçon à 15 ans ? »

Encore une fois, il n'y a pas d'âge pour embrasser ou pour faire l'amour, certains commencent très jeunes, d'autres moins, ce n'est ni un avantage ni un désavantage. Je crois surtout que l'on embrasse lorsqu'on y est prêt, ou prête, et que l'on fait l'amour lorsque le garçon et la fille sont ensemble prêts à faire l'amour, c'est-à-dire se connaissent bien et comprennent ce qu'ils vivent.

5 – « La pilule peut-elle nuire à la santé ? »

La pilule contraceptive est un très grand progrès des sociétés modernes. Elle permet de faire l'amour avec le partenaire que l'on a choisi, sans craindre une grossesse non désirée. Cela nous montre que la sexualité et la fécondité sont deux fonctions indispensables mais différentes, qui peuvent aujourd'hui se vivre librement.

La pilule contraceptive est ainsi un facteur de liberté, notamment pour les jeunes filles, elle doit être aussi un élément de tranquillité pour le jeune couple qui désire vivre une intimité amoureuse. Elle doit enfin être accompagnée d'une autre protection, le préservatif, indispensable tant qu'on n'a pas fait le test du sida.

Ces deux « responsabilités » peuvent ainsi être partagées par la fille (pour la contraception) et le garçon, (pour la protection des maladies sexuellement transmissibles).

6 – « Est-ce normal de ne pas avoir ses règles depuis quatre mois ? »

Tout retard de règles peut faire penser, pour une fille, à un début de grossesse. C'est un médecin, ou un gynécologue, qui peuvent la rassurer. Les retards de règles sont assez fréquents à l'adolescence, notamment lorsqu'il y a beaucoup d'émotion et de sentiments amoureux. Mais c'est d'abord vers un médecin qu'il faut se tourner pour comprendre pourquoi les règles sont retardées.

7 – « Quelle taille doit avoir un sexe pour être normal ? »

Une grande inquiétude des adolescents, garçons et filles, est celle d'être normal. En effet, le corps des adolescents se modifie considérablement en quelques années, la poitrine se développe chez les filles, les érections et les éjaculations sont maintenant plus fréquentes chez les garçons et la pilosité accompagne ce développement du corps.

Beaucoup de garçons se posent la question de la normalité de leur sexe : n'est-il pas trop petit, puisque j'en ai vu de plus grands ? Souvent d'ailleurs, il s'agit d'une comparaison avec les camarades du même âge, par exemple dans les vestiaires, dans les douches, ou dans des moments où l'intimité entre garçons permettra de voir le sexe des copains. Certains sont alors parfois en érection alors que d'autres sont au repos. C'est souvent cette différence qui sera notée comme un signe d'infériorité.

Il s'agit en fait d'un petit complexe qui disparaîtra vite en demandant son avis à un médecin. Les sexes trop petits sont rares, d'autant qu'il faut savoir qu'en érection, les petits sexes augmentent plus de taille que les grands !

On peut en dire tout autant du sexe des filles qui est plus difficile à imaginer puisqu'il est intérieur. Beaucoup de filles pensent qu'il est tout petit et peuvent craindre qu'il n'ait pas une taille suffisante pour accueillir le sexe d'un garçon en érection. Au contraire, le vagin a la propriété de s'assouplir et de s'agrandir lorsque les conditions de l'amour sont présentes : c'est le but des caresses et de la préparation amoureuse qui précèdent le rapport sexuel.

8 – « A-T-ON LE DROIT DE REFUSER DE FAIRE DES CHOSES DONT ON N'A PAS ENVIE ? »

Aujourd'hui, il n'y a pas de comportements sexuels qui soient bien ou mal, entre deux adultes qui désirent vivre leur intimité amoureuse ensemble.

La question est moins facile lorsque l'on a moins de 18 ans, mais elle répond à quelques règles très simples : *ce que l'on fait doit être désiré et partagé par les deux partenaires ; ils doivent avoir le même âge ou à peu près.*

Une autre règle est importante à rappeler : tout peut être vécu entre deux personnes qui le désirent, *si ça ne gêne pas l'autre.*

La fellation, qui consiste pour une fille à mettre le sexe d'un garçon dans sa bouche, est une pratique

« normale » si la fille aime cela et le désire. À l'opposé il n'y a aucune raison de pratiquer tel ou tel comportement si l'on n'en a pas envie.

La liberté de la sexualité c'est *d'apprendre à dire non* si l'on ne désire pas ce qui est demandé par le partenaire, même si c'est la personne dont on est amoureux(se), et que l'on aime le plus au monde !

9 – « Pourquoi certaines personnes deviennent homos ? »

Le mot *homosexualité* désigne l'amour pour quelqu'un de même sexe, c'est-à-dire le fait qu'un homme ait du désir pour un homme ou qu'une femme ait du désir pour une femme.

J'utilise volontairement les termes *homme* et *femme* et non *garçon* et *fille* pour bien séparer la période de l'adolescence dans laquelle les désirs ne sont pas encore fixés de façon sûre, où les choix amoureux ne sont pas encore faits de façon définitive, et la période adulte où les hommes et les femmes savent quels sont leurs désirs et connaissent leur *orientation sexuelle*, c'est-à-dire les personnes vers qui s'orientent leurs désirs.

Au cours de l'enfance puis de l'adolescence chacun d'entre nous va d'abord comprendre qui il est : garçon ou fille. Puis il va essayer de connaître ses propres réactions en pratiquant des caresses personnelles et la masturbation. C'est ce que l'on appelle l'*autoérotisme*. Il, ou elle, pourra connaître ensuite une attirance plus ou moins forte et des liens amicaux profonds avec quelqu'un de même sexe, parfois même en partageant une intimité physique, par exemple des masturbations réciproques. Il s'agit alors d'un *homoérotisme,* c'est-à-dire d'un apprentissage des relations intimes avec quelqu'un du même sexe, ce qui les rend plus faciles à comprendre qu'avec un partenaire de l'autre sexe qui semble encore « impressionnant ». Mais se toucher, se caresser, se masturber entre adolescents de même sexe n'est pas de l'homosexualité. Cette phase de transition permettra ensuite de vivre la sexualité adulte avec un partenaire de l'autre sexe. C'est ce que l'on appelle alors l'*hétérosexualité,* qui représente la majorité des relations humaines.

L'*homosexualité* ne sera découverte qu'après cette longue phase d'apprentissage, c'est-à-dire en prenant conscience à l'âge adulte de l'attirance exclusive vers des personnes du même sexe. Ce n'est ni une anomalie ni une perversion, comme on avait pu le penser dans des périodes anciennes où l'on jugeait moralement les gens. C'est une façon d'aimer qui correspond à ceux qui la vivent. Ce n'est ni bien ni mal. Il faut aujourd'hui que chacun d'entre nous puisse s'épanouir dans le mode de relation qui est le sien.

Par contre, il est important de ne pas orienter rapidement un garçon ou une fille vers l'homosexualité en lui affirmant que ce serait son choix, parce qu'il a des relations avec quelqu'un de même sexe alors que c'est un adolescent en recherche et en connaissance de lui-même. C'est pourquoi aucun adulte ne doit s'immiscer dans cette recherche de l'objet d'amour.

10 – « Comment faire l'amour la première fois ? »

La première fois est un moment très symbolique pour chacun d'entre nous, fille ou garçon. C'est pourquoi il me semble très important de choisir ce moment sans trop d'idéalisme et sans le banaliser non plus.

Si ce moment est trop idéalisé et qu'il n'est pas à la hauteur de ce que l'on avait imaginé (« mon Prince charmant me donnera beaucoup de plaisir, ce sera le plus beau jour de ma vie ! »), la suite de la sexualité ne sera pas toujours facile. Si ce moment est très banalisé, comme si « faire l'amour » était une activité ordinaire, il en perdra aussi la dimension de mystère qui accompagne la rencontre amoureuse.

Le choix de « la première fois » est profondément personnel, il doit être décidé à deux, par un garçon et une fille qui se sentent prêts à s'aimer et à faire l'amour.

Faire l'amour la première fois nécessite quatre conditions :

• Que le garçon et la fille se connaissent et y soient prêts, dans leur corps et dans leur tête.

• Que le garçon et la fille le désirent profondément, sinon qu'ils puissent dire non à un acte non désiré.

• Que chacun assume une responsabilité : la pilule pour la fille, le préservatif pour le garçon.

• Enfin qu'ils aient pour eux le temps et la tranquillité.

Cette dernière condition est essentielle, c'est elle qui permet que les émotions soient pleinement vécues dans une relation d'amour, c'est elle qui permet de laisser venir les sensations, c'est elle qui permet que chacun soit disponible à l'autre.

L'amour se vit toujours en trois phases :

1. La première, c'est **la préparation à l'amour**, car même lorsqu'on est très excités, l'un et l'autre, nos corps ne sont pas encore prêts à faire l'amour. Ce qui nous donne cette impression c'est la rapidité avec laquelle l'érection vient au garçon, comme s'il était prêt. C'est en réalité un réflexe qui accompagne le désir.

Pour la fille, ce réflexe existe aussi, ce sont les sécrétions du sexe qui devient humide pour faciliter le rapport, mais de la même façon, cela ne veut pas dire que le corps y soit prêt. Les caresses et la tendresse de cette *préparation à l'amour* vont permettre que le corps intérieur s'y prépare.

Ces préliminaires à l'amour peuvent durer très longtemps, ils permettent à la fille de se détendre et de laisser s'exprimer son désir, de sentir monter son excitation pour être prête à ressentir le plaisir à deux, lorsque le corps et l'esprit y seront prêts.

Tout est possible dans cette préparation à l'amour, *dans la mesure où cela ne gêne pas l'autre*, c'est un espace de grande liberté et d'inventivité. Aucun couple ne fait l'amour de la même façon.

La pénétration du pénis dans le vagin est ensuite un moment redouté par certaines filles qui ne s'y sentent pas prêtes. Si c'est le cas, il faut qu'elles puissent dire non, qu'elles ne le désirent pas ce jour-là. La détente de la préparation à l'amour doit permettre que cette pénétration se passe lentement, en confiance et sans aucune crainte.

2. Faire l'amour est la suite naturelle de cette lente préparation qui amène détente et excitation. Ce n'est ni un moment de compétition ou de performance, ni un examen des capacités intimes, c'est le temps de la rencontre la plus profonde entre deux êtres qui s'aiment et qui le désirent. Un moment qui n'appartient qu'à eux et qui permet d'accéder aux plaisirs amoureux, si nombreux et si personnels.

Les uns, ou les unes, ressentent des orgasmes violents, d'autres des émotions plus douces, d'autres encore des plaisirs infinis. Tout ceci est très personnel et chacun vit le plaisir pour lui-même. Il ne faut rien comparer.

Peu de filles ont du plaisir et un orgasme la première fois, et c'est normal. Il ne faut surtout pas que cela les déçoive et les « bloque » pour une prochaine fois. C'est au fil des expériences qu'elles vont apprendre à vivre leurs émotions, à se rendre disponibles à elles-mêmes, à la détente et au plaisir.

3. La tendresse amoureuse est la troisième étape de l'amour. Le rapport ne se termine pas uniquement parce que l'un ou/et l'autre a « pris son plaisir », mais dans la tendresse amoureuse qui suit le temps de l'amour.

Chacun s'abandonne un moment au relâchement qui accompagne les sensations de plaisir et le physique peut alors laisser la place aux sentiments. Les gestes de tendresse enveloppent l'être aimé, les caresses sont celles de la réassurance amoureuse, les baisers se colorent de tendresse. Le temps est suspendu, plus rien ne presse.

Le sexe n'est pas une performance, c'est la rencontre la plus intime entre un garçon et une fille qui s'aiment.

11 – « Qu'est-ce que le plaisir ? »

La sexualité a une fonction naturelle de fécondité, c'est par elle que l'on fait des enfants. Mais elle est depuis très longtemps, certainement même avant le début de l'humanité, liée au plaisir. La contraception permet aujourd'hui pour une femme ou un couple, de choisir les périodes de fécondité. En même temps, elle permet de mieux prendre conscience du climat de plaisir qui accompagne la sexualité. Ce plaisir est multiple, il est personnel, il est d'abord plaisir d'être ensemble, de partager des moments, des passions, de l'intimité. C'est aussi le plaisir physique du rapport amoureux par les caresses, les étreintes et l'acte d'amour au cours duquel peut être ressenti l'orgasme, qui est une forme particulière du plaisir. La richesse de la relation intime réside dans cette multiplicité des plaisirs. Ils contribuent tous à la plénitude de la relation amoureuse.

12 – « Et l'orgasme ? »

Le mot « orgasme » désigne un plaisir physique particulier qui peut accompagner un moment intense d'intimité amoureuse. Il est l'aboutissement d'un long moment de tensions du désir et de l'excitation qui tout d'un coup se relâchent en s'accompagnant d'une sensation de plaisir intense.

Chez les garçons, l'orgasme accompagne en général l'éjaculation, il est suivi d'un relâchement très agréable de tout le corps.

Chez les filles, l'orgasme est très variable et personnel. Certaines ressentent des secousses, des spasmes intérieurs, d'autres un grand relâchement, mais toujours accompagné de sensations de plaisir. L'orgasme n'est pas obligatoire, il est en général progressivement appris au fil des expériences amoureuses, c'est un apprentissage à l'abandon, au laisser-aller, au bien-être.

Dans un monde actuel qui parle beaucoup de sexe, je crois qu'il faut prendre de la distance avec une sorte de « dictature de l'orgasme » qui dirait aux uns et aux autres comment il faut jouir, quel serait l'orgasme de référence… ! Il n'y a aucune norme ni aucune obligation, chacun doit trouver l'épanouissement personnel qui est le sien avec le partenaire de son choix.

DU MÊME AUTEUR

Chez Odile Jacob

Relaxation et Sexualité, avec Suzanne Kepès, 1998,
« Poches Pratiques Odile Jacob », 2004.

Inventer le couple, 2001,
« Poches Odile Jacob », 2003.

Le Sexe et l'Amour, 2003.

Chez d'autres éditeurs

La Sexologie, PUF, 1994.

L'Éducation sexuelle, PUF, 1996.

Éloge de la masturbation, Zulma, 1997.

De la lettre d'amour, Zulma, 2000.

TABLE

Conforme à la loi 49-956 du 16 juillet 1949
sur les publications destinées à la jeunesse.

Ouvrage publié sous la responsabilité éditoriale
de Catherine Meyer

